LE

CARDINAL DUBOIS

TYP. ERNEST MEYER, 22, RUE DE VERNEUIL, A PARIS.

LES CARDINAUX-MINISTRES

LE CARDINAL
DUBOIS
ET LA RÉGENCE

DE

PHILIPPE D'ORLÉANS

PAR

M. CAPEFIGUE

PARIS
AMYOT, ÉDITEUR, 8, RUE DE LA PAIX

MDCCCLXI

Reproduction interdite. — Traduction réservée.

1861

Nous commençons une série nouvelle de nos Études historiques, sous le titre *des Cardinaux-Ministres*. Nous ne faisons pas de l'histoire ecclésiastique; il ne s'agit pas ici de juger les princes de l'Église dans leurs rapports avec la cour de Rome, mais de les suivre et de les apprécier comme ministres et hommes d'État.

Or, à quelque point de vue qu'on se

place, quelque doctrine religieuse qu'on professe, il est impossible de ne pas admettre que les Cardinaux-Ministres ont tous été des hommes hors ligne ; que Ximenès, Granvelle, Richelieu, Mazarin, Albéroni, ont été les créateurs, les fondateurs de grands systèmes, et qu'ils tiennent une place éminente dans l'histoire des nations.

C'est cette vérité que ce recueil est destiné à démontrer, et nous ouvrons cette série par l'homme d'État le moins bien connu, le plus calomnié dans les Mémoires et les Chroniques vulgaires, le cardinal Dubois, dont le nom se mêle à la régence de Mgr le duc d'Orléans.

Il est des époques qui ne peuvent être racontées et jugées qu'avec d'extrêmes ménagements, comme il est des caractères qui ne peuvent être appréciés qu'en secouant avec effort une multitude de mensonges et de calomnies.

Lisez les Mémoires fabriqués, les histoires de convention à l'usage de tous, la Régence a été un temps de honte et de légèreté dissolue : qu'est-ce que le Régent? un voluptueux énervé qui laisse les affaires publiques aux mains d'un complaisant effronté qu'on appelle Dubois, le fils d'un apothicaire de Brives-la-Gaillarde! Chronique, biographie, romans, voilà ce qu'on raconte sur une des époques les plus remarquables de l'histoire.

Ce livre a pour but d'effacer ces vilenies de la Régence et de la présenter telle qu'elle fut, de restaurer cette image du duc d'Orléans, un des esprits les plus remarquables du xviiie siècle, politique sérieux, artiste charmant, peintre, musicien, graveur, chimiste distingué, homme d'affaires, financier, théologien, et surtout tête de fermeté et de résolution.

Le ministre de sa confiance fut le cardinal Dubois, une des figures les plus élevées et qu'on doit placer sans crainte à côté de Richelieu et de Mazarin : Dubois, promoteur de l'alliance anglaise qui assurait la paix du monde, la main ferme et décidée qui réprima le complot espagnol de Cellamare, l'infatigable travailleur, levé à 5 heures et ne terminant son labeur qu'à minuit; le cardinal Dubois (celui qu'on a présenté comme un satyre dans une priapée antique), faible, maladif, obligé de se nourrir d'herbes bouillies, et réservant ses rares loisirs pour recueillir les livres précieux, les Elzévirs, les tableaux de maîtres, les statues grecque et romaine (1).

Tel fut le vrai cardinal Dubois que l'auteur a voulu rendre à son caractère sérieux et politique. Il l'a placé dans la galerie des Cardinaux-Ministres d'État comme une physionomie politique d'un ordre très-élevé : il l'a jugé, d'après sa correspondance avec lord Stanhope et Walpole, ses notes diplomatiques, les lettres du Régent lui-même, dédaignant les pamphlets des partis qui sont la souillure de l'histoire.

Nous vivons dans un temps qui aime et recherche la vérité, et l'historien peut

---

(1) Le cardinal Dubois acheta la belle collection de tableaux et de manuscrits laissés à Rome par la reine Christine de Suède.

dire librement ce qu'il pense et justifier ce qu'il croit. Le xviii° siècle ne nous impose plus ses jugements railleurs ou passionnés ; les grands hommes d'État que la pourpre romaine a couverts sont placés à la hauteur qu'ils méritent, et quelle que soit la difficulté du sujet, l'auteur espère que ce livre sera accueilli avec la même faveur que ses précédentes Études.

Paris, 25 mars 1861.

I

Le duc d'Orléans et Saint-Cloud.
Éducation du duc de Chartres.

(1656 — 1687)

Le 4 août 1674, dans le château de Saint-Cloud, tout éblouissant de lumières, le maréchal de Navailles, premier gentilhomme de la Chambre, annonça solennellement que *Madame*, princesse Palatine, venait d'accoucher d'un beau garçon. *Monsieur*, frère du Roi, l'avait appelé, avec la permission de Sa Majesté, duc de Chartres. La joie fut grande. De son premier mariage avec la noble et triste Henriette d'Angleterre (1), Monsieur n'avait eu qu'une fille; la

(1) Henriette-Anne d'Angleterre, fille de Charles Ier, née en 1644, s'était réfugiée en France; élevée au couvent de la Visitation de Chaillot, mariée le 31 mars 1661 à *Monsieur*, frère de Louis XIV; elle mourut à Saint-Cloud, subitement, le 29 juin 1670; c'est d'elle que Bossuet a dit: *Madame se meurt. Madame est morte.*

princesse Palatine, sa seconde femme, la rude allemande lui donnait un fils ; et à cette époque de traditions et d'héritage, quelle bonne nouvelle qu'un fils assis au foyer domestique.

C'était une cour à part que celle de Monsieur, duc d'Orléans ; depuis les troubles de la Fronde le jeune Louis XIV avait pris une certaine défiance de sa famille ; il ne voulait ni trop de renommée, ni trop de puissance pour les princes de son sang ; ce n'était point un souvenir de la puérile et mensongère anecdote du masque de fer, mais parce qu'il avait entendu raconter par Anne d'Autriche, sa mère, et par le cardinal Mazarin, tous les dangers qu'avait fait subir à l'Etat, Gaston, duc d'Orléans, frère de Louis XIII, à la tête des princes du sang. Tout en entourant Monsieur du respect de tous, le Roi ne voulait pas qu'il pût se former un parti ni à la guerre ni dans le gouvernement. Ainsi après avoir essayé son courage dans la campagne de Hollande, où Monsieur, l'épée à la main, suivi des chevaliers de Lorraine et de Nantouillet, ses aides de camp, prit Zupten et Bouchain, et eut un cheval tué à la bataille de Cassel, le Roi désira que son frère se retirât de l'armée active ; il lui donna pour apanage le château de Saint-Cloud, avec de riches revenus pour y tenir son rang de premier prince de la famille.

Les destinées du château de Saint-Cloud avaient été diverses et bizarres. Catherine de Médicis, qui avait partout porté en France le goût des arts de l'Italie, avait été frappé de la situation de ce magnifique coteau boisé qui avait quelque point de ressemblance avec les bords splendides de l'Arno dans les environs de Florence ; elle y avait fait construire une charmante villa italienne que vint habiter Henri II, et dans laquelle Henri III avait été frappé du poignard de Jacques Clément. Plus tard, abandonnée, cette villa passa aux Gondi, d'origine florentine encore, qui l'embellirent de belles cascades en souvenir des cascatelles de Tivoli (les Italiens seuls savaient dessiner les jardins). Devenu la propriété du contrôleur général des finances, Everard (1), Saint-Cloud fut acquis par Louis XIV qui le donna à son frère ; Mansard distribua les bâtiments, Lenôtre divisa les parcs et les jardins dans leur situation si pittoresque, et Monsieur reçut un million de livres pour construire, à la naissance du duc de Chartres, cette magnifique cascade, où tous les dieux de la mythologie, les sylphes, les naïades,

---

(1) Voir mon *Histoire des Opérations financières*, tome 2 : *Financiers et Catherine de Médicis*.

Pan, les satyres, Neptune, les tritons, les monstres marins jouaient comme une grande scène avec toutes ces eaux de sources qui se précipitaient, bouillonnantes, des hauteurs vertes et ombrées. La cour de Monsieur, duc d'Orléans, était tout à fait séparée de celle du Roi son frère; elle avait même un caractère particulier de distraction et de solitude à la fois; Madame, grosse allemande (1), toute ronde, toute d'une pièce, très-peu gracieuse de sa personne, ne pouvait plaire à un prince élégant, raffiné, qui n'aimait ni son esprit caustique, ni son maussade caractère. Madame parlait à peine le français; Monsieur vivait à part, en accordant toute sa confiance au maréchal d'Estrade, au duc de la Vieuville, graves caractères, et surtout au chevalier de Lorraine et au marquis d'Effiat, souvenir de Cinq-Mars. On parlait même du chevalier de Lorraine comme d'un favori; c'était un jeune homme

---

(1) Elisabeth-Charlotte de Bavière, fille de Charles-Louis, électeur palatin du Rhin, étrange princesse presque toujours habillée en homme, aimant les chiens et les chevaux. Ses lettres, adressées au prince Ulrich de Bavière et à la princesse de Galles, sont pleines de faits controuvés et de scandaleuses anecdotes sur la cour de Louis XIV; ces lettres, écrites de 1715 à 1720, ne sont que des souvenirs et méritent peu d'attention. On a un portrait de cette princesse, aux allures mâles, peint par Rigaud.

brave, il fut blessé à côté de Monsieur à la bataille de Cassel ; un portrait qui est resté le reproduit sous la plus ravissante figure, sa parole était plus douce encore. Saint-Simon, cet esprit cynique, en quête de toutes les vilenies dans les caractères, surtout l'ennemi, comme duc et pair, de tous les princes Lorrains, a fait d'ignobles récits sur les rapports de Monsieur avec le chevalier de Lorraine : est-ce que l'amitié et la confiance ne peuvent se donner qu'à d'infâmes conditions ? Est-ce qu'il n'y a pas de parties élevées dans le cœur humain ? Au reste, la cour de Saint-Cloud vivait séparée de celle de Versailles, et Monsieur n'allait que rarement rendre ses devoirs à son royal frère.

L'éducation du jeune duc de Chartres fut d'abord confiée au maréchal de Navailles (1), qui choisit pour sous-gouverneur, avec titre de précepteur, un homme plein d'esprit et de science, M. de Saint-Laurent, que l'Université comptait parmi ses membres ; il n'est pas un seul mémoire, un seul contemporain qui ne fasse l'éloge de Saint-Laurent. Auprès de lui et pour le seconder, il avait pris un abbé au petit collet, de figure attrayante, de trente-cinq à trente-neuf ans, d'un

(1) Issu d'une des plus antiques maisons du Bigorre.

savoir incontesté dans les sciences physiques et mathématiques, chimiste très-distingué, un peu musicien, artiste et graveur et, depuis son extrême jeunesse, voué à l'enseignement : l'abbé Guillaume Dubois était méridional, né à Brives-la-Gaillarde en Limousin, d'un père médecin ou apothicaire. A dix ans, il était venu à Paris comme candidat à une bourse au collége Saint-Michel ; son amour de la science fut tel et si bien reconnu que le principal du collége se l'attacha personnellement: quelques mémoires, écrits à l'époque des pamphlets, disent qu'il en fut le domestique, sans remarquer que, dans le langage universitaire d'alors, *servus universitatis*, signifiait un serviteur plus attaché à l'enseignement de l'école, un zélé du collége. Il est à remarquer que ce reproche (1) de petite origine jeté à l'abbé (depuis cardinal Dubois), est venu de l'école philosophique et libérale ; comme, si, en ce cas, l'élévation d'une telle fortune n'en eût pas été le plus grand éloge.

(1) Je n'ai pas besoin de dire que les *Mémoires* publiés sous le nom de l'abbé Dubois sont une triste spéculation: jamais le cardinal n'écrivit de *Mémoires*. N'a-t-on pas même supposé que l'abbé Dubois était marié. Ses véritables Mémoires sont les remarquables dépêches qui existent au département des affaires étrangères.

Le jeune abbé Dubois, en sortant du collége Saint-Michel, prit la modeste et grave profession de précepteur ; il le fut dans la maison du président de Gourgues, chez le marquis de Pluvent, maître de la garde-robe de Monsieur ; c'est là qu'il fut remarqué par Saint-Laurent, le sous-gouverneur du duc de Chartres. Après quelques conversations, il l'attacha à la personne du prince comme répétiteur ; l'abbé Dubois y développa ses incontestables facultés, et une admirable aptitude pour les sciences. Le jeune prince plein de curiosité, s'était épris de la chimie, l'abbé Dubois en répétait les expériences ; il dessinait et gravait avec lui : il rendait l'enseignement plein d'attraits. De là cette puissance peu à peu acquise sur l'esprit et le cœur du duc de Chartres, alors presqu'enfant, à ce point que le grave Saint-Laurent, devenu infirme, désigna pour le remplacer l'abbé Dubois, qui, à sa mort, fut nommé précepteur en titre de Monseigneur le duc de Chartres. Quelles que soient les calomnies jetées sur l'abbé Dubois, il est impossible de nier qu'aucune éducation ne fut plus complète, plus scientifique que celle du duc de Chartres, chimiste, peintre, graveur, musicien très-remarquable.

II

Le duc de Chartres à l'armée de Flandre — La Cour. — Négociations pour son mariage avec Mademoiselle de Blois.

(1691)

Le duc de Chartres avait atteint sa dix-septième année et la grande guerre précipitée par la révolution anglaise de 1688 commençait avec la Ligue d'Augsbourg. Louis XIV prenait le commandement suprême de l'armée que dirigeait le maréchal de Luxembourg. Monsieur vint à Versailles pour demander à son frère l'honneur des premières armes de son fils, et le duc de Chartres obtint la permission d'accompagner le Roi au siége de Mons ; il fut cinq fois de tranchée sous la mitraille de l'ennemi sans sourciller, et quand Mons eut capitulé, le duc de Chartres servit comme gentilhomme volontaire dans l'armée du maréchal de Luxembourg : placé à la tête de la brigade des gardes dans la bataille de Steinkerque, il enleva la position du centre et fut blessé : à Nerwinde, à peine rétabli, il chargea brillamment et pénétra dans les trois lignes ennemies avec la cavalerie de réserve ; entouré par les gardes anglo-hollandais du prince d'Orange, il s'ouvrit un passage l'épée à la main. Le maréchal de Luxembourg écrivait : « Monseigneur le duc de Chartres a été d'un grand cœur (1). »

Autour du prince avaient constamment été dans le plus fort de la bataille, M. d'Arcy, gouverneur de S. A. R., et l'abbé Dubois, son précepteur ; l'abbé Dubois n'avait encore que le petit collet sans avoir les ordres, il avait pris l'épée comme l'archevêque Turpin *des chansons de Gestes :* il se battit courageusement, à ce point que le maréchal de Luxembourg écrivit au Roi : « l'abbé Dubois va au feu comme un grenadier ; le jour de la bataille de Steinkerque je le trouvai partout (2). » L'abbé adressa au

(1) Dépêche originale.
(2) Le maréchal de Luxembourg ne cessait d'exalter l'abbé Dubois : on sait quelle était la franchise du maréchal. De grande

Roi un récit de la batailllc de Steinkerque au nom du duc de Chartres. Louis XIV le goûta fort, tant ce récit était plein de verve et de feu ; à Nerwinde, il sauva la vie au duc de Chartres que pressait les soldats de Brandebourg et S. A. R. l'embrassa sur le champ de bataille. Présenté au Roi à la suite de cette campagne, il fut admis à la raconter en détail : il le fit avec une parole ardente et colorée qui plut singulièrement : « Vous étiez donc partout ? » lui dit le Roi, et alors Dubois répondit avec esprit : « Non, Sire, car j'aurais craint d'en revenir avec un bras de moins et un ridicule de plus. » On racontait de lui des traits de grande humanité ; le jour de la bataille de Steinkerque, il avait dit au duc de Chartres : « Monseigneur, envoyez vos équipages pour enlever les malheureux blessés ; c'est le plus bel emploi que vous puissiez en faire. »

L'abbé Dubois, à cette époque de sa vie, était d'une taille élevée et bien prise ; les portraits qui nous restent de lui le représentent d'une figure

---

race, François-Henri de Montmorency, duc de Luxembourg, était fils du comte de Bouteville, décapité pour son duel, et neveu de la princesse de Condé, sœur de Henri II, duc de Montmorency, décapité lui-même sous le cardinal de Richelieu.

fine, pleine de grâce et d'intelligence (1) ; sa parole restait élégante à travers un petit accent méridional qui avait son charme ; de l'aveu de ses ennemis il était sobre et ne jouait jamais (2). A cette époque, les pamphlets lui ont prêté un rôle ignoble de complaisant bouffon, espèce d'entremetteur du duc de Chartres ; comme si ces hommes manquaient jamais dans la domesticité des princes et s'il était besoin de s'adresser à un précepteur ! Le duc de Chartres, jeune homme ardent, put aimer, chercher ses plaisirs au théâtre, à l'Opéra, parmi de folles déesses du chant ou de la danse : pour cela était-il besoin d'un intermédiaire grave et sérieux ? Quand ces tristes récits furent inventés, l'abbé Dubois était à son apogée de grandeur ; premier ministre, avec un nouveau système, il s'était fait de nombreux ennemis qui cherchaient à ébranler son pouvoir par la calomnie ; n'est-ce pas la destinée commune à tous ceux qui s'élèvent ?

Le roi Louis XIV et madame de Maintenon

---

(1) Le portrait peint par Rigaud.

(2) M. de Villenave, qui a fait un article fort hostile à l'abbé Dubois dans la *Biographie universelle*, dit de lui : « Personne ne fut plus sobre et moins joueur que l'abbé Dubois, »

n'avaient pas été sans remarquer l'activité intelligente de l'abbé Dubois et son influence sur le duc de Chartres. A cette époque, le Roi préparait une affaire très-considérable à laquelle il attachait un grand prix : le mariage de sa fille légitimée, Mademoiselle de Blois, avec Monsieur le duc de Chartres ; c'était une pensée fixe chez le Roi que celle de fusionner la famille illégitime avec la race royale : quelques-uns y voyaient la tendresse extrême de Louis XIV pour ses enfants, nés de Mademoiselle de la Vallière ou de Madame de Montespan. Il y avait une idée plus vaste : en remontant dans les annales de la monarchie, on pouvait voir les difficultés, les dissensions civiles qui étaient résultées des luttes entre les bâtards et les princes du sang. En mêlant les intérêts, en fusionnant toutes les branches, et plus tard en déclarant l'aptitude des légitimés à la couronne, le Roi espérait éviter de funestes rivalités.

Rien de plus charmant que Mademoiselle de Blois à quinze ans, d'une figure qui rappelait madame de Montespan : de grands yeux, une belle chevelure, le nez parfait, une bouche mignonne, le pied si joli que Louis XIV lui faisait ouvrir les ballets de la cour : fille aimée du Roi, sa dot serait riche ; toutes les faveurs allaient entourer la brillante carrière du duc de Chartres : plaire au roi c'était la fortune. Mais de l'autre côté étaient l'orgueil, la fierté de race : comment un petit-fils de Louis XIII épouser une fille bâtarde ! c'était une telle énormité dans la famille, que la dure Madame, la princesse Palatine, menaçait d'un scandale. Dans ces circonstances délicates, Madame de Maintenon, qui voulait plaire en tout point à Louis XIV, lui indiqua, comme négociateur, l'abbé Dubois, seul capable de décider le duc de Chartres. Au milieu de cette cour pleine de scrupules et de cas de conscience, le père La Chaise ni Madame de Maintenon n'auraient jamais choisi un intermédiaire scandaleux pour négociateur, même quand il eût assuré un succès ; c'est que l'abbé Dubois était tout autre que l'ont peint les pamphlets : sobre, travailleur, maladif déjà, il avait surtout pour lui l'ascendant d'une parole persuasive, l'habileté dans les formes, une droite raison qui comprenait tout.

Ce fut à l'aide de cette raison si ferme, que l'abbé Dubois exposa à Monsieur et au duc de Chartres que, par ce mariage, tous les anciens débats de famille s'effaçaient. Déjà *Monsieur le duc* (un Bourbon ! un Condé !) avait épousé une princesse légitimée ; un Conti avait suivi son exemple, et le duc du Maine, le pédant, le boiteux, l'élève de prédilection de Madame de Maintenon était destiné à Bénédicte de Bourbon. Toute la puissance arriverait donc à la branche de Condé, si la maison d'Orléans n'entrait pas dans le système général qui, désormais, semblait présider à la politique de Louis XIV. Ce fut donc une négociation fort grave, où l'orgueil se trouvait en face des intérêts ; l'orgueil était pour Madame la princesse Palatine sous une enveloppe bien rude ; elle se vengea plus tard dans sa *Correspondance*, pamphlet plutôt que mémoires ; elle blessa Louis XIV et madame de Maintenon sans pouvoir empêcher ce mariage qui devenait une nécessité politique (1).

L'abbé Dubois avait vu l'avenir de la question ; il savait que la fierté et la colère conseillent mal ; Louis XIV voulait empêcher toute Fronde après sa mort en cas de minorité. Le mariage du duc de Chartres fut célébré avec une grande solennité à Versailles, dans une cour brillante : la charmante fiancée reçut toutes les faveurs ; le roi Jacques II, exilé à Saint-

---

(1) Ce mariage fut célébré le 18 février 1690.

Germain, donna la chemise à Monsieur le duc de Chartres ; la reine d'Angleterre (1) à Mademoiselle de Blois, la plus suave des mariées, même selon le dire du médisant Saint-Simon. L'abbé Dubois, qui avait mené cette négociation avec une habileté remarquable, reçut de Louis XIV une abbaye par l'influence de l'homme si grave, si pur, le père La Chaise, confesseur du Roi (2). Jamais Louis XIV n'oublia la preuve de capacité et d'habileté que l'abbé Dubois avait donnée dans cette négociation difficile.

(1) J'ai donné tous ces détails sur le roi d'Angleterre dans un livre bien rare aujourd'hui, *Jacques II à Saint-Germain.*

(2) L'abbaye de Saint-Just, en Picardie. Ce fut alors que l'abbé Dubois entra tout à fait dans les ordres.

III

La cour du duc de Chartres au Palais-Royal.

(1690—1703.)

Après son mariage avec Mademoiselle de Blois, le duc de Chartres vint habiter l'ancien palais Cardinal, légué par Richelieu au Roi, et donné par Louis XIV, en apanage, à *Monsieur*, duc d'Orléans, son frère; magnifique résidence avec ses jardins et ses grands ombrages qui s'étendaient d'un côté, par les petits champs, jusqu'au couvent des Capucines, et de l'autre jusqu'à la nouvelle place des Victoires et à l'hôtel du duc de la Vrillière ; Paris n'étouffait pas alors sous les pierres de ses rues. Au Palais-Royal, Monsieur le duc de Chartres avait une petite cour à lui et des amitiés sincères: excellent époux, il eut de Mademoiselle de Blois trois filles et un fils (1), charmants enfants dont Parrocel a reproduit les traits. C'était à Parrocel que M. le duc de Chartres devait ce goût charmant pour la peinture et le dessin qui remplissait ses heures de loisir; en ce moment il crayonnait de ravissants sujets de fantaisie et des ornementations pour le roman naïf de Daphnis et Chloé, une des lectures favorites du prince. Parrocel retoucha les peintures que le prince avait faites pour le château de Meudon ; Parrocel, l'admirable peintre de batailles dont les toiles ravissent encore, plus douces que celle de Van Meulen ; il avait vu le ciel d'Espagne et d'Italie ; il fut le seul artiste qui sut reproduire ces gracieuses troupes de gentilshommes, mousquetaires, gens d'armes de la maison du Roi, grenadiers de France, qui, sous l'épée de la noblesse, marchaient avec la cornette blanche à l'ennemi (2).

Le duc de Chartres tendit la main à Watteau, pauvre jeune homme sans asile, venu de la

(1) Une première fille nommée Mademoiselle de Valois, morte presque en naissant; Marie-Louise-Elisabeth, née le 20 août 1695 ; Louise-Adélaïde, Mademoiselle de Chartres, née le 13 août 1698 ; Louis, duc de Valois et de Montpensier, né le 14 août 1703 ; une seconde Mademoiselle de Valois, née en 1700.

(2) Les toiles de Parrocel ont presque toutes été réunies dans les galeries de Versailles.

bonne Flandre à Paris, à peine âgé de dix-huit ans (1). Ce fut S. A. R. qui l'introduisit comme peintre décorateur à la Comédie Italienne, où il peignit ses plus ravissantes toiles, ces danses si gracieuses, ces plaisirs de la campagne dans des paysages féeriques, ces fontaines ornées de lierre laissant tomber leurs eaux à travers les statues et les urnes enlacées de lilas, de roses et de fleurs rampantes. Dans ce doux calme des champs, Isabelle, avec sa robe soyeuse et son manteau qui dessine sa taille, danse un menuet avec Pierrot, aux hanches cambrées, à la jambe tendue; ici une douce conversation d'amour au son de la mandoline; là, le docteur revêtu d'un justaucorps bariolé d'une étoffe brillante, là, un autre petit couple, assis sur un vert gazon, boit dans des coupes de cristal

---

(1) Watteau était né à Valenciennes, en 1684, fils d'un de ces dignes couvreurs d'église et de carillon. Les œuvres de Watteau contiennent 535 planches.

<blockquote>
Parée à la française, un jour dame nature
Eut le désir coquet de voir sa portraiture;
Que fit la bonne mère, elle enfanta Watteau;
Pour elle, ce cher fils, plein de reconnaissance,
Non content de tracer partout sa ressemblance,
Fit tant et fit si bien qu'il la peignit en beau.
</blockquote>

(Vers faits au Palais-Royal par Lamotte-Houdard.)

et s'enlace dans les plus douces étreintes. Les peintures de *Daphnis et Chloé*, œuvre du duc de Chartres, se ressentent un peu du coloris de Watteau.

Le prince cultivait la musique avec non moins d'ardeur. A cette époque il essayait un opéra dont les paroles étaient du marquis de La Fare (1). D'une origine méridionale fort illustre, le marquis de La Fare était capitaine des gardes de Monsieur, duc d'Orléans; c'était bien le plus charmant esprit du monde, il appartenait à cette douce école du plaisir dont l'abbé de Chaulieu était l'âme; mestre de camp d'infanterie, il avait servi dans la guerre de Hongrie contre les Turcs; blessé au combat de Senef et de Mulhausen, lieutenant des gendarmes du dauphin, Monsieur, duc d'Orléans, l'avait choisi comme l'un des capitaines de ses gardes: sans prétention aucune de poète, sans aucune vanité, le marquis de La Fare disait de ses vers:

> Enfant de la seule nature,
> Amusement de mon loisir,
> Vers aisés par qui je m'assure
> Moins de gloire que de plaisir,
> Coulez, enfants de ma paresse,
> Mais si d'abord on vous caresse,

(1) *Penthée*, en 3 actes.

Refusez-vous à ce bonheur ;
Dites, qu'échappés de ma veine
Par hasard, sans force et sans peine,
Vous méritez peu cet honneur (1).

Douce et facile société qui échappait aux ennuis des affaires et passait joyeusement la vie, sans travail, sans souci, comme l'enseignait le brillant abbé de Chaulieu. A l'hôtel de Vendôme, comme chez la surannée Ninon de Lenclos, on faisait de l'impiété, de la philosophie, par prétention ; l'école de l'abbé de Chaulieu entendait la loi d'Epicure d'une autre manière ; élève de Chapelle et de Bachaumont, Chaulieu enseignait le plaisir sous la treille, au feu pétillant de l'aï ; l'amour était cet enivrement de la vie qui fait tout oublier dans une solitude aimée ; on vivait dans ces brillantes habitations dessinées par les artistes, peuplées de fleurs odorantes, parfumées de jonquilles, de jasmin et de roses (2).

---

(1) Le marquis de La Fare, né en 1644, était déjà vieux lorsqu'il se fit poète. Il mourut en 1718.

(2) Voltaire a écrit ces vers, un peu jaloux, contre Chaulieu et La Fare dans le *Temple du goût*.

Je vis arriver en ce lieu
Le brillant abbé de Chaulieu,
Qui chantait en sortant de table ;
Il osait caresser le dieu

Hôte et ami du prince de Conti, Chaulieu vivait à l'Ile-Adam; ce qu'il ne donnait pas au *Temple*, chez le Grand-Prieur de Vendôme, il le laissait aller dans ces soupers aux mille flambeaux, dans ces familiers entretiens où les verres s'entrechoquaient au milieu des saillies. Les fêtes de l'Ile-Adam ont été reproduites par la peinture; elles nous donnent une idée de cette société gracieuse, plus loin de nous que les bacchanales de Rome retrouvées dans les fouilles d'Herculanum et de Pompéï.

L'esprit de curiosité qui distinguait le duc de Chartres l'avait fait jeter avec une grande ardeur dans les recherches chimiques; il en avait pris les premiers éléments sous l'abbé Dubois; plus tard, il fit venir auprès de lui le

> D'un air familier mais aimable;
> Sa vive imagination
> Prodiguait, dans sa douce ivresse,
> Des beautés sans correction
> Qui choquaient un peu la justesse,
> Mais respiraient la passion.
> La Fare, avec plus de mollesse,
> En baissant sa lyre d'un ton,
> Chantait auprès de sa maîtresse
> Quelques vers sans prétention,
> Que le plaisir et la paresse
> Dictaient sans l'aide d'Apollon.

savant chimiste Humbert dont il prit les leçons ; son esprit aimait à se jeter vers l'inconnu, le merveilleux ; tel est un peu le caractère de l'incrédulité dans les idées religieuses. On croit à d'autres choses surnaturelles, quand la foi aux mystères religieux s'efface et disparaît.

A cette dernière époque du règne de Louis XIV, deux sociétés étaient en présence : le vieux monde qui s'en allait, retenu encore par la majesté du Roi ; puis une société nouvelle qui se formait sous la main des princes du sang et de quelques gentilshommes. Ceux-ci n'allaient pas jusqu'aux négations des philosophes de l'hôtel de Vendôme ou de mademoiselle de Lenclos, mais le joug absolu de Louis XIV leur pesait ; cette souveraineté, qui n'admettait aucune résistance, était soufferte encore, mais elle ne devait pas subsister après le règne. De là, des espérances, des projets d'avenir. La puissance de madame de Maintenon était plutôt subie que respectée ; elle devait finir à la mort du Roi. Les jansénistes, très-comprimés, espéraient une réaction ; ils avaient des adeptes puissants dans le parlement et l'université. Ce parlement, qui avait perdu tous ses droits de remontrance par la volonté du Roi, était assoupli et non dompté. Ce que ne peuvent jamais empêcher les souverains absolus, c'est qu'une réaction arrive après leur mort ; plus ils ont tendu les ressorts, plus ils se brisent et éclatent après eux.

Le 1ᵉʳ juin 1701, Monsieur, duc d'Orléans, mourut à Saint-Cloud ; son titre, sa fortune et sa dignité passaient au duc de Chartres, qui fut désormais duc d'Orléans, maître de tous les apanages et de l'immense fortune qu'avait laissée à son père la grande Mademoiselle (1), cette folle épousée du duc de Lauzun. Le nouveau duc d'Orléans avait alors vingt-sept ans, excellent cœur, d'une familiarité charmante avec ses amis, tous braves gentilshommes et soldats : le marquis d'Effiat, Broglie, Canillac, Nocé, Brancas, La Fare, couverts de blessures, aimant le plaisir, la vie douce. L'existence du Palais-Royal et de Saint-Cloud ne fut pas exemplaire, selon les *Mémoires*, elle fut même scandaleuse, à ce point qu'elle mérita justement les reproches de la cour sévère de Louis XIV ; mais au milieu de ces dissipations de comédie, d'opéra, de soupers, jamais le duc d'Orléans ne manqua de respect envers sa femme, Mademoiselle de Blois, et de tendresse

(1) Fille de Monsieur, duc d'Orléans, frère de Louis XIII ; elle laissa 11 millions en apanage.

pour ses enfants, amour d'une faiblesse extrême pour ses trois petites filles de trois à sept ans, objet de son idolâtrie. A Versailles, on voit encore une peinture de Parrocel qui reproduit cet intérieur de famille : le duc d'Orléans est entouré de ces jolis poupons qui ont gardé les yeux vifs de madame de Montespan mêlé au sang de la maison de France (1).

(1) Galerie de Versailles.

IV

Mission de l'abbé Dubois à Londres. Les Stuarts. — Guillaume III.

(1693 — 1699.)

L'abbé Dubois, que les *Mémoires* mêlent à ces dissipations du Palais-Royal et de Saint-Cloud, n'était pas même alors en France ; Louis XIV, qui avait reconnu en lui une aptitude extraordinaire, l'avait chargé d'une mission des plus importantes en Angleterre.

Un des actes qui avait le plus coûté à la fierté de Louis XIV avait été la signature de la paix de Ryswick (1). Le roi de France aimait

(1) 20 septembre 1697. La paix de Ryswick fut signée sous la médiation de Charles X, roi de Suède, entre la France, l'Espagne et l'Angleterre.

les Stuarts ; et, plus encore, il voyait en eux le symbole de la majesté royale et de l'hérédité directe à la couronne. Les Stuarts, grande et mélancolique race !... La restauration de Charles II avait été l'ouvrage de la diplomatie française ! Nul règne pour la grâce, pour l'esprit gentilhomme ne put être comparé à celui de Charles II ; mais l'Angleterre s'était trop compromise pour jamais accepter la restauration. Jacques II vint se réfugier en France ; le Roi l'avait accueilli avec la dignité et le respect que méritent le malheur. Jacques II fut traité en roi dans ce château de Saint-Germain qui avait vu la Fronde (1) ; on ne l'avait jamais appelé que le Roi d'Angleterre, et son fils était pour tous le prince de Galles ; Louis XIV avait pris un tel soin de la dignité de Jacques II que les armes royales d'Angleterre brillaient sur la porte d'honneur du château de Saint-Germain.

Par le traité de Ryswick toutes ces dispositions étaient changées. Le premier article de ce traité reconnaissait Guillaume III comme roi d'Angleterre ; Guillaume, ce froid et habile politique, le soldat courageux que l'Angleterre venait de proclamer roi, en vertu de cette maxime

(1) Voyez mon *Jacques II à Saint-Germain.*

simple et pratique que, lorsque dans un pays il y a une multitude d'usurpations de propriétés et de droits, il ne peut y avoir de repos, de sécurité pour les intérêts que dans une grande usurpation qui les couvre toutes ; voilà pourquoi toute restauration est si difficile et pour ainsi dire impossible. C'était un acte bien douloureux pour le roi Louis XIV que de reconnaître Guillaume, son ennemi le plus implacable, mais ce qui coûtait encore le plus à son cœur, à sa fierté, c'était de refuser désormais au roi Jacques ce titre de roi d'Angleterre qu'il lui avait reconnu dans son malheur. La diplomatie commande souvent bien des sacrifices difficiles : le brillant comte de Portland dut représenter Guillaume III à la cour de Versailles (1) ; le maréchal de Tallart fut désigné par Louis XIV comme ambassadeur extraordinaire auprès du nouveau roi d'Angleterre.

Camille d'Hostun, duc de Tallart, avait une longue carrière militaire ; guidon des gens d'armes, mestre de camp de Royal-Cravates, il avait gagné tous ses grades sur le champ de bataille ; blessé à travers le corps dans les glo-

---

(1) Guillaume Bentinck, comte de Portland, page d'abord de Guillaume, prince d'Orange, né en 1648.

rieuses campagnes de Flandre, de Hollande et d'Allemagne, il avait pris pour ainsi dire sa retraite, et Louis XIV lui donnait l'ambassade de Londres. Il ne s'agissait pas seulement de l'exécution du traité de Ryswick, mais encore d'une affaire plus grave qui pouvait mettre le feu à l'Europe (1), je veux parler de la succession d'Espagne qui allait bientôt s'ouvrir par la mort de Charles II, si maladif, caractère ardent, scrupuleux, qui expirait dans cette suprême lutte de désirs immenses et du devoir excessif ; la vie s'use dans ce combat frémissant.

La maison d'Autriche, depuis Charles-Quint, avait imprimé sa grandeur à l'Espagne. Le règne de Philippe II avait eu cet énergique caractère d'un pouvoir qui veut sauver son unité ; il avait préservé l'Espagne des guerres civiles que partout avait semées la Réformation, en même temps que la bataille de Lépante délivrait l'Europe de l'invasion des Turcs. Le suprême pouvoir de l'Inquisition poursuivit, sous le nom de faux chrétiens, les Maures qui, d'accord avec leurs frères de l'Afrique, voulaient remettre l'Espagne sous le joug, et les Juifs, les intermé-

(1) Tous ces événements sont traités avec détail dans mon *Louis XIV*.

diaires de toutes les trahisons ; l'Inquisition donna un si profond repos à l'Espagne qu'on vit naître les beaux siècles littéraires et artistiques de Philippe III et de Philippe IV, les protecteurs de Lope de Vega, de Calderon, de Cervantes, de Velasquez, de Murillo, de Ribeira ; l'histoire, dépouillée de ses préjugés pédants, observera que tous les grands siècles arrivent avec les pouvoirs forts.

La succession pressentie de Charles II était immense dans les deux mondes, et à Londres se discutait un traité de partage ; le maréchal de Tallart, trop soldat, n'avait pas l'activité suffisante pour agir seul et observer surtout. Le roi Louis XIV lui adjoignit l'abbé Dubois, qui reçut une mission secrète sous le nom du chevalier Dubois, pour que son titre fût mieux accepté en Angleterre ; c'était une mission importante sans caractère officiel ; le chevalier Dubois dut observer aussi, dans l'intérêt de la maison d'Orléans, s'il n'y avait pas à revendiquer pour elle un droit particulier dans la succession d'Espagne ; le duc d'Orléans était le petit-fils de l'infante dona Anna (Anne d'Autriche), et, d'après la loi féodale des Castilles, les femmes succédaient légitimement.

Le chevalier Dubois, étranger à l'Angleterre,

s'était fait recommander par le duc d'Orléans au comte de Saint-Evremond (1), un de ces grands exilés qui avaient fui le ressentiment de Louis XIV après la Fronde; c'était un de ces beaux et hardis bretteurs, au temps des mousquetaires, et l'on disait, dans les duels, la botte à Saint-Evremond, comme de l'un des plus beaux coups d'épée. Amant favori de Ninon de Lenclos, de Marion Delorme (la médisance disait aussi de madame d'Aubigné-Scarron), lieutenant des gardes du grand Condé, il avait assisté à Rocroi, à Fribourg, à Nortlingen, grandes journées ; spirituel, caustique, il s'était attaché au cardinal Mazarin ; puis, comme tous les gentilshommes batailleurs, il avait critiqué la paix des Pyrénées. Compromis dans l'affaire de Fouquet, il avait passé en Hollande, puis en Angleterre, où il résidait depuis trente-deux ans, favori à la fois de Charles II, du froid Guillaume, répertoire charmant de toutes les aventures de la noblesse française. Lauzun, Gramont, Créqui, lui avaient écrit pour le revoir à Paris, après le pardon, longtemps attendu, de Louis XIV ; Saint-Evremond avait refusé : « trop vieux, disait-il, pour

---

(1) Charles Marcatel de Saint-Denis, seigneur de Saint-Evremond, né en 1613.

changer d'habitudes. » Il avait écrit à Ninon de Lenclos, qui le rappelait, une lettre charmante sur le danger de se revoir en amour (1), lorsqu'on s'est quitté jeune et qu'on se retrouve trente ans après, rongé, ravagé par les ans.

Le salon de Saint-Evremond, à Londres, était le rendez-vous de toute la noblesse anglaise e des chefs de partis dans le parlement; le chevalier Dubois y rencontra, pour la première fois, lord Stanhope, avec lequel il forma une de ces liaisons politiques qui se retrouvent dans la vie des hommes du pouvoir. James Stanhope, premier comte de ce nom, était fils de John Stanhope, d'une ancienne famille de Nottingham,

---

(1) Ninon se perpétuait dans son impénitence finale, et Voltaire disait d'elle :

> Ninon, cet objet si vanté,
> Qui si longtemps sut faire usage
> De son esprit, de sa beauté
> Et du talent d'être volage.

tandis que Saint-Evremond s'était repent et faisait ces vers sur lui-même :

> De justice et de charité,
> Beaucoup plus que de pénitence,
> Il composa sa piété.
> Mettant en Dieu sa confiance,
> Espérant tout de sa bonté,
> Dans le sein de la Providence
> Il trouva son repos et sa félicité.

qui avait pris une part active à la Révolution de 1688; sir John avait été ambassadeur en Espagne et son fils James l'avait suivi, comme Bentinck, favori de Guillaume III; homme d'Etat de mérite, l'abbé Dubois lui avait plu, et tous deux purent préparer l'idée d'une alliance anglo-française. Les instructions du maréchal de Tallart n'allaient pas si loin, et il se plaignit à Louis XIV des intrigues du chevalier Dubois qui fut rappelé : cependant on put remarquer que, loin d'être mal reçu par le roi de France, il fut payé par des paroles très-gracieuses : « Vous avez, Monsieur l'abbé, trop d'esprit pour rester en concurrence avec notre ambassadeur à titre. » L'abbé répondit à ces paroles avec une extrême modestie : il plut singulièrement au roi qui agréa le choix de l'abbé comme secrétaire des commandements du nouveau duc d'Orléans.

V

La succession de Charles II.—Campagne de M. le duc d'Orléans en Italie, en Espagne. — Accusation contre le Prince. — La duchesse de Berry.

(1700 — 1710)

La famille de Louis XIV, au commencement du nouveau siècle, se divisait en trois partis, si l'on pouvait ainsi nommer trois opinions, trois intérêts divers; je ne parle pas du conseil du roi, de madame de Maintenon qui gardaient leur unité. La première coterie était celle de Monseigneur le Dauphin qui, par sa liaison avec les Beauvilliers (Saint-Agnan) et Fénelon, avait énervé la belle résistance de Louis XIV contre l'Europe coalisée dans ses malheurs : on eût fait un triste roi avec *Télémaque* et un pauvre ministre avec *Mentor*. La seconde coterie était celle de la duchesse de Bourgogne, habile, caressante, toute dévouée à la maison de Savoie ; chaque baiser qu'elle donnait à madame de Maintenon retentissait jusqu'à Turin. La petite mignonne avait son habileté, ses instructions quand elle se mettait sur les genoux de celle qu'elle appelait sa bonne tante. Enfin venait la maison d'Orléans, qui vivait à part dans les châteaux de Saint-Cloud ou au Palais-Royal. Elle n'était point aimée à Versailles ; ses idées, ses mœurs, lui faisaient grand tort aux yeux d'une cour triste, vieillie et fatiguée.

Ces divisions se manifestèrent surtout au sujet de la succession d'Espagne. Le traité de partage conclu à La Haye (1), connu à Madrid, avait excité la juste indignation du roi Charles II ; ce prince, faible et malade, s'était comme réveillé de son suaire pour protester contre cet attentat à la pensée de Charles-Quint ; l'ambassade de France, dirigée par le duc d'Harcourt, en profita pour suggérer l'idée du testament en faveur du duc d'Anjou ; mieux valait un chan-

(1) Traité de La Haye, 11 octobre 1697. Ce traité plaçait la couronne d'Espagne, morcelée, sur le front du prince électoral de Bavière, qui mourut le 6 février 1699.

gement de dynastie que le morcellement de la grande monarchie espagnole. Mais dans ce testament (1) se trouvait une clause très-blessante pour la maison d'Orléans ; le roi d'Espagne appelait au défaut d'héritier dans la branche aînée des Bourbons, non pas la branche cadette (les d'Orléans), mais la maison de Savoie. Ici donc se révélait une double pensée : la faveur extrême de la duchesse de Bourgogne et la disgrâce presque avouée de la branche d'Orléans. Le duc protesta avec une profonde expression de mécontentement, tout à la fois comme héritier direct de la couronne d'Espagne par la reine Anne d'Autriche, et comme représentant la branche cadette de la maison de Bourbon.

Cependant la guerre éclatait en Europe (2) dans d'immenses proportions : une coalition s'était formée contre le testament de Charles II et la France fut menacée d'être envahie par le duc de Marlborough et le prince Eugène. Dans cette crise le duc d'Orléans supplia le Roi de lui permettre de le servir, et il obtint un commandement en Italie. Depuis un an, avec la facilité extrême de son esprit et son aptitude

---

(1) Il porte la date du 6 octobre 1700.
(2) La coalition se forma par le traité d'alliance signé à la Haye le 7 septembre 1705.

générale, S. A. R. s'était vouée aux études stratégiques sous le chevalier de Folard (1), jeune encore, mais aide de camp du duc de Vendôme. Dans cette campagne, le duc d'Orléans, contrarié dans ses idées, dans ses plans, se couvrit néanmoins de gloire ; il sauva l'armée en retraite et fut grièvement blessé de deux coups de feu. Parfaitement accueilli à Versailles, quand le duc de Berwick reçut le commandement de l'armée d'Espagne, S. A. R. le suivit avec une division ; il prit sur l'armée anglo-allemande les places de Xativa et d'Alcarès, soumit le royaume de Valence et la Catalogne, et s'empara de Lerida, cité devant laquelle le grand Condé lui-même avait échoué (2).

Presque aussitôt le duc d'Orléans visa en Espagne à un rôle politique ; l'abbé Dubois l'y avait préparé ; Louis XIV avait exigé que le duc d'Orléans se séparât de son habile conseiller ; l'abbé Dubois ne l'avait donc pas suivi en Espagne, mais la correspondance restait active. Le projet de la maison d'Orléans était celui-ci : le duc d'Anjou, Philippe V, ennuyé de sa

(1) Jean-Charles de Folard, né à Avignon, le 13 février 1669, un des remarquables écrivains militaires.
(2) La campagne était dirigée par le maréchal de la Feuillade et le duc de Vendôme.

royauté compassée et monacale, voulait abdiquer; pourquoi ne ferait-il pas cette abdication en faveur du duc d'Orléans, l'héritier direct d'Anne d'Autriche? La princesse des Ursins (1) s'était rangée à cet avis, et lorsque les malheurs de la guerre forcèrent Louis XIV (aux conférences de Gertruyderberg) à renoncer pour son petit-fils à la couronne d'Espagne, le duc d'Orléans alors déclara que la renonciation ne pouvait pas le toucher et qu'il reprendrait, de son chef, la couronne qu'on laissait tomber à terre.

Toutes ces négociations avaient été connues à Versailles, et, à son retour, il fut parlé d'un crime de haute trahison à l'égard du duc d'Orléans ; il fut constaté, par la correspondance, que, pendant son séjour à la cour de Madrid, il avait négocié l'abdication de Philippe V pour se faire ensuite proclamer roi d'Espagne; il fut menacé d'un arrêt de justice. Le prince se justifia par cette circonstance de l'abandon où se trouvait la couronne d'Espagne : ne valait-il pas mieux qu'elle vînt sur sa tête que de tomber dans des mains allemandes? Tout fut apaisé au moyen

(1) Anne-Marie de la Trémoille, princesse des Ursins ; elle avait épousé d'abord Adrien de Talleyrand, prince de Chalais; veuve, elle épousa le duc de Bracciano, prince des Ursins ; elle était camarera-major de la reine, princesse de Savoie.

de l'abdication formelle du duc d'Orléans qui renonça pour lui et ses héritiers à la couronne d'Espagne, de quelque chef qu'il pût réclamer (1).

Pour compenser ces concessions, qui sacrifiaient à la politique générale de Louis XIV les prétentions de la maison d'Orléans, le duc obtint du Roi la promesse d'un mariage qui unissait les deux branches aînée et cadette des Bourbons. C'était une ravissante créature que Marie-Louise-Elisabeth d'Orléans, et Saint-Simon le médisant, ne peut s'empêcher de dire d'elle : « née avec un esprit supérieur et quand elle le voulait agréable et aimable, elle parlait avec une grâce singulière, une éloquence naturelle qui lui était particulière et qui coulait comme de source, enfin avec une justesse d'expression qui charmait (2). » A l'âge de sept ans, la jeune princesse Louise-Elisabeth d'Orléans avait été guérie par son propre père d'une maladie qu'on disait mortelle, et ce père excellent prit pour elle une tendresse excessive, comme pour un enfant maladif qu'on a sauvé ; Marie-Louise d'Orléans fut un enfant gâté, elle faisait tout ce qu'elle voulait, aimant la chasse, les vio-

---

(1) La maison d'Orléans avait toujours conservé une grande tendance pour la succession espagnole.

(2) Saint-Simon, *Mémoires*, liv. xiv.

lents exercices, les fêtes, les plaisirs, fière surtout de sa naissance, à ce point de se faire appeler *Mademoiselle* (1) tout court, comme si elle était fille du frère du Roi; elle était parfaitement jolie mais un peu grasse. La vieille duchesse d'Orléans douairière (la très grossière princesse Palatine) dit de sa petite-fille: « Elle a des chairs grasses et pleines, ses joues sont dures comme de la pierre; depuis l'âge de huit ans on lui a laissé faire sa volonté; il n'est pas étonnant qu'elle soit comme un cheval fougueux; elle se divertit autant qu'elle peut. Je la raille souvent en lui disant qu'elle croit aimer la chasse, mais que, dans le fait, elle n'aime qu'à changer de place; elle préfère la chasse au sanglier à la chasse au cerf, parce que la première procure à sa table de bons boudins et des hures (2). » Dans les portraits contemporains, on la voit sous le costume de Diane chasseresse dans les bois touffus, aux rendez-vous de chasse à la curée, parfaitement jolie sous ce costume; de préférence, en effet, elle aimait à courir le sanglier, non pas pour le motif sensuel et particulier que lui donne la douai-

(1) A l'exemple de la *grande Mademoiselle*, fille de Gaston d'Orléans, la frondeuse.
(2) Correspondance de la princesse Palatine.

rière Palatine, mais parce qu'il y avait plus d'agitation et de péril dans ces courses en pleine forêt.

La petite princesse, très-orgueilleuse de sa naissance, ne pouvait oublier la bâtardise de sa mère, Mademoiselle de Blois, qu'elle traitait avec une certaine fierté, pour reporter toute sa tendresse sur son père, si bon, si faible pour un enfant qu'il avait vu si près du tombeau ; de là les odieuses calomnies sur l'amour incestueux d'un père pour sa fille. La princesse avait un charme si particulier que, présentée à la cour, malgré ses excentricités, elle plut singulièrement au roi et à madame de Maintenon, et même à la duchesse de Bourgogne, à ce point d'inspirer des jalousies ; on peut dire qu'elle y conquit sa place, et le mariage de la princesse avec le duc de Berry, le troisième fils du duc de Bourgogne, fût décidé par Louis XIV lui-même. Excellent cœur, d'un esprit timide et rude à la fois, le duc de Berry, épris de sa femme, ne partageait pas ses goûts pleins de fantaisie ; ce n'est pas qu'il manquât d'esprit ; on citait de lui un mot qui avait retenti à la cour de Louis XIV comme un enfantillage de charmante portée ; lorsque le duc d'Anjou partit pour l'Espagne, il prit congé de son frère par ces paroles : « Que seras-tu donc, mon pauvre Berry ? notre aîné sera roi de France, moi, roi d'Espagne, et toi, donc ? — Moi, je serai le prince d'Orange pour vous faire tous enrager. » Le prince d'Orange (Guillaume III) était alors le grand ennemi, le grand danger des monarchies héréditaires.

Souvent des petites mutineries de ménage étaient réprimées par le duc d'Orléans, le père tendre, qui intervenait toujours avec une indulgence aveugle pour sa fille, ce qui entraînait la cour à répéter de grossières calomnies contre la royale duchesse.

> Enfin votre esprit est guéri
> Des craintes du vulgaire,
> Belle duchesse de Berry,
> Achevez le mystère ;
> Un nouveau Loth vous sert d'époux,
> Mère des Moabites,
> Puisse bientôt naître de vous
> Un peuple d'Ammonites (1).

Ces pamphlets odieux venaient moins du peuple et même des courtisans que des diverses coteries de la famille royale ; la plus ardente à poursuivre la jeune duchesse était la pédante

(1) On attribue ces vers ignobles à Voltaire.

duchesse du Maine, de la maison de Condé (1), que le roi avait prise en amitié, et alors retirée au château de Sceaux. Le roi lui avait donné ce splendide domaine, acheté de Colbert, qui avait dépensé à l'embellir des sommes énormes ; la duchesse du Maine, entourée de prosateurs et de poètes, les lançait contre la charmante duchesse de Berry ; guerre de mots et de plumes, bien vive, bien méchante. La duchesse de Bourgogne, un moment favorable à la duchesse de Berry, sa belle-fille, s'était tournée contre elle, par caprice et un peu par jalousie pour les amitiés qu'elle inspirait au Roi et à Madame de Maintenon. De là ces mille accusations jetées sur les amours de la duchesse de Berry, folle de jeunesse, impérative dans ses volontés, habituée à conduire son père à ses caprices. Elle aimait les plaisirs, les distractions bruyantes qui font tout oublier ; elle passait des journées entières à la Muette avec ses dames d'honneur, tenant sa petite cour pleine de joie et de fêtes.

(1) Louise-Bénédicte de Bourbon, petite-fille du grand Condé ; elle avait porté d'abord le titre de Mademoiselle de Charolais avant d'épouser Louis-Auguste de Bourbon, duc du Maine et d'Aumale ; une de ses sœurs, Mademoiselle de Bourbon, avait épousé le prince de Conti ; et la plus jeune, Mademoiselle de Montmorency, épousa le duc de Vendôme.

A la nuit, la curée, les soupers aux flambeaux, les courses dans le bois de Boulogne, aux pavillons de la Muette, ravissants de lumière ; cette vie pouvait faire un contraste avec la cour compassée de Louis XIV, mais elle n'était pas un scandale comme l'a écrit le médisant Saint-Simon, qui, rédigeant ses *Mémoires*, à trente ans des faits, et conservant les rancunes de vieillard contre ce qui avait blessé son orgueil de duc et pair, a calomnié tout à son aise les tombes déjà fermées : aux plus braves gentilshommes, aux Luxembourg, aux Condé, il enlève la couronne de laurier ; à de pauvres et jeunes princesses, la guirlande de lys et de rose ; petit esprit, occupé de petites intrigues, de petites affaires, Saint-Simon, avec un charme infini et un inimitable style, est devenu la source impure de toutes les odieuses histoires.

VI

Accusation contre le duc d'Orléans. Testament et mort de Louis XIV.

(1708—1714.)

La vie un peu désordonnée de Monsieur le duc d'Orléans rendait sa situation délicate à la pieuse cour de Louis XIV ; il semblait appartenir plus spécialement à cette société nouvelle, et facile dans ses mœurs et ses principes, qui tenait le milieu entre la société impie et libertine du Temple et l'esprit sévère et compassé de la cour de Versailles. Entouré de ses amis et de ses officiers (La Fare était mort), Simiane, Broglie, d'Effiat, Canillac, Nocé, il aimait les plaisirs enivrants, licencieux ; on citait de gracieuses intrigues avec quelques femmes de théâtre, avec Mademoiselle Desmares, nièce de Mademoiselle de Champmeslé, si aimée de Racine ; avec Mademoiselle Florence, de l'Opéra, théâtre à la mode.

> Ce beau lieu fournit des belles
> A tous les gens d'à-présent.
> . . . .
> La Florence pour des meubles ;
> La Ducan à tout venant.

Le comte de Maurepas, le ministre si léger qui passa sa vie à recueillir des couplets, loue la charmante beauté de Florence.

> Mon Dieu, que Florence est jolie ! etc.

Dans un noël de 1677 on trouve la preuve de l'amour ardent du duc de Chartres pour Mademoiselle Florence.

> Une troupe joyeuse
> De Paris arriva.
> C'étaient les plus rieuses
> Filles de l'Opéra.
> Lors du qu'en dira-t-on,
> Sans trop se mettre en peine
> Des Seigneurs qui étaient là, la, la,
> Chacun fut au poupon, don, don
> Lui présenter la sienne.
>
> M. le duc de Chartres,
> Comme prince du sang,

>Fesait le diable à quatre
>Pour avoir le devant.
>Il tenait par la main
>La gentille Florence,
>Que trop de vermillon, don, don
>Rendait cette nuit-là, la, la
>Affreuse à l'assistance.

A ces courtes et folles intrigues, Monsieur le duc d'Orléans joignait une passion sérieuse pour Mademoiselle de Séry, créée depuis comtesse d'Argenton ; amour sincère, passionné, qui inspirait même des vers à S. A. R.

>Tircis disait un jour :
>Je ne connaîtrais pas l'amour
>Sans vous, Philis, je vous le jure,
>Sans vous, Philis.
>Quand on a dépeint la beauté
>On n'a jamais représenté
>Que vous, Philis.

Il y avait bien de la galanterie chevaleresque dans ces vers un peu vulgaires, et la cour du Palais-Royal faisait contraste au salon sévère de Marly, sous Madame de Maintenon.

Le grand Roi d'ailleurs était fortement éprouvé par une suite de lugubres événements. Je ne parle pas seulement des malheurs de la guerre, des sacrifices immenses qu'il fallait faire, de la paix difficile qu'on avait à subir ; mais encore de quelques grandes morts répétées qui venaient frapper la famille de Louis XIV : Monsieur le Grand Dauphin d'abord, le duc et la duchesse de Bourgogne ensuite, et après eux encore le duc de Berry. De toute cette magnifique lignée de Louis XIV, il ne restait plus qu'un enfant, son arrière petit-fils, salué duc de Bretagne à sa naissance, et maintenant devenu Dauphin. A la nouvelle de ces morts rapides, un cri de tristesse et d'indignation s'éleva. Il y avait trente ans à peine que la Voisin était morte sur un bûcher, après la marquise de Brinvilliers. Madame de Sévigné avait décrit, dans une de ses plus curieuses lettres, les procédures de la chambre ardente dans lesquelles les plus grands noms de France avaient été compromis : le maréchal de Luxembourg, la duchesse de Bourbon et la comtesse de Soissons (1); quand les horizons de la société deviennent sombres, il pèse sur certains noms des accusations et des calomnies ; on n'avait pas perdu la mémoire de la poudre de succession, et au milieu de ces deuils qui attristaient la famille royale, un concert de voix

(1) Madame de Sévigné, liv. v.

s'éleva pour accuser le duc d'Orléans ! Je vais parler comme ses ennemis pour dresser l'acte d'accusation qui fut murmuré autour de S. A. R. « Au sein de la débauche et de l'Epicurisme, le prince se livrait avec Humbert, le chimiste, à des études sur les substances ; il avait aussi, lui, inventé sa poudre de succession ; elle le délivrait successivement de tout ce qui le séparait de la couronne ; il n'y avait plus entre lui et le trône que l'épaisseur d'un enfant maladif, bientôt frappé lui-même (1). » Tout le parti du duc du Maine, des enfants légitimés, faisait entendre ces terribles accusations, et quand le duc d'Orléans venait à Versailles, des regards sinistres se portaient sur lui. Le roi d'Espagne, de son côté, protestait : Philippe V, triste et maladif, faisait entendre qu'il viendrait réclamer ses droits plutôt que de voir le trône aux mains du duc d'Orléans ; les têtes étaient montées à ce point qu'on avait entendu dire au duc de Noailles, par un souvenir classique, que si l'enfant-Dauphin suivait ses parents au tombeau, il serait le Brutus qui

---

(1) Ces bruits venaient de chez la duchesse du Maine ; ils amenèrent une provocation du duc d'Orléans. La sage intervention du père Letellier et de madame de Maintenon mit fin à ces accusations scandaleuses.

poignarderait le duc d'Orléans. Louis XIV, sous ces fatales impressions, lançait à son neveu ces regards significatifs et puissants auxquels personne ne résistait.

Dans une situation si grave, le duc d'Orléans, par l'avis de son conseil et de l'abbé Dubois, se résolut à une démarche haute et significative ; il vint se jeter aux pieds de Louis XIV, lui demandant des juges, une procédure en parlement ou même devant une chambre ardente de justice, comme celle qui avait été constituée à l'Arsenal pour la marquise de Brinvilliers et la Voisin ; Humbert, le chimiste, se constitua prisonnier à la Bastille et demanda un jugement après une enquête. Ce qu'il y avait de triste dans l'affaire, c'est que l'avis des médecins intimes du roi était partagé sur les causes de ces morts foudroyantes ; Fagon croyait que le Grand Dauphin, le duc et la duchesse de Bourgogne, le duc de Berry portaient des traces de poison ; Mareschal était d'un avis opposé ; selon lui, ces princes étaient morts à la suite de ces maladies endémiques et mystérieuses qui, souvent, enlèvent une famille, une génération tout entière. Après une enquête minutieuse, si les soupçons ne s'effacèrent pas dans l'âme de tous, l'innocence du duc d'Orléans fut constatée ; Humber même ne fut pas gardé à la Bastille, et il ne resta plus qu'un deuil cruel autour de Louis XIV.

A cette époque, le Roi paraissait profondément préoccupé de sa mort prochaine ; chacun voyait des symptômes alarmants sur son visage, et lui-même la pressentait avec un sang-froid et un courage admirables dans ses conversations, surtout avec la marquise de Maintenon. Il fut dès lors question du testament du Roi ; la pensée de ses dernières années avait toujours été celle-ci : éviter une nouvelle Fronde et une opposition des princes et du parlement qui pourraient jeter le désordre dans l'Etat. Le Roi voulait donc organiser la Régence d'après les idées d'ordre et de fusion ; s'il lui était impossible d'enlever la régence au premier prince du sang, le duc d'Orléans, à qui elle appartenait par les lois fondamentales, il voulait environner cette régence d'un conseil si fort, si puissant, qu'en aucune circonstance le Régent pût agir seul dans un intérêt égoïste ; à cet effet, et comme antagonisme naturel, il avait placé auprès du duc d'Orléans le duc de Maine, chargé de l'éducation du nouveau roi, et, ce qui était plus, avec le commandement des troupes ; de sorte qu'il n'y avait qu'un Régent de nom ; que pouvait-il être en effet, sans la direction du gouvernement et de la force publique (1)?

C'est une faute en politique que de constituer un pouvoir sans lui donner les moyens d'agir ; pour éviter la Fronde au dehors, le testament de Louis XIV la constituait au sein de la régence ; il était évident que le conseil de régence renverserait le Régent ou que le Régent briserait les obstacles qui s'opposeraient à sa libre autorité. Avant sa mort, Louis XIV eut plusieurs conférences avec le duc d'Orléans, avec le duc du Maine et les ministres d'Etat, en leur recommandant l'union, la concorde, dans les difficultés immenses que la minorité d'un enfant pouvait soulever. Une pensée surtout paraissait le préoccuper, c'était le maintien de la paix européenne : la guerre et ses douleurs étaient comme le remords du Roi ; la paix était le seul moyen de guérir les plaies profondes de la société agitée ; le duc d'Orléans engagea sa parole qu'il maintiendrait l'hérédité et la paix. Alors la tombe s'ouvrit pour Louis XIV le 1er septembre 1715.

(1) Le testament du Roi fut déposé au parlement l'avant-veille de la mort de Louis XIV. Sur l'enveloppe étaient écrits ces mots : « Ceci est notre testament. Louis. » Le procureur général annonça que c'était un dépôt secret ; il fut enfermé au greffe, sous trois clés, l'une aux mains du premier président de Mesme ; l'autre fut remise au procureur général ; la troisième aux mains du greffier Dongois.

VII

Constitution de la Régence en faveur du duc d'Orléans.
L'abbé Dubois conseiller d'État.

(Septembre 1715)

Quelques jours avant la mort du Roi, le duc d'Orléans avait été informé de toutes les clauses les plus secrètes du testament de Louis XIV ; on disait que ces révélations avaient été faites par Madame de Maintenon elle-même, qui voulait se conserver une situation favorable sous le nouveau régime (1) ; elle savait toute la fermeté et la capacité du Régent, l'habileté de son principal conseiller, l'abbé Dubois. Le duc d'Or-

(1) La communication du testament avait été faite par la voie secrète du duc de Noailles, par ordre de Madame de Maintenon. Je crois aussi que la première copie du testament fut donnée au duc d'Orléans par le chancelier Voisin.

léans, parfaitement instruit, eut le temps de se préparer à un coup de force : il connaissait les instincts du parlement favorables à un réveil de son autorité abaissée, humiliée sous Louis XIV, à ce point de ne plus oser de remontrances. Si on ouvrait au parlement la perspective d'une participation au pouvoir, si on lui reconnaissait le droit de constituer la régence, en vertu de ses prérogatives, et, ce qui était plus encore, la faculté légale de casser le testament du Roi, n'était-ce pas flatter tous ses désirs et obtenir d'avance ses suffrages? Les corps politiques sont toujours très-sensibles à ces sortes d'avances, et le duc d'Orléans était sûr d'obtenir le concours du grand corps de magistrature.

Avec la même habileté, le duc fit des avances très-marquées au parti jansénite, proscrit et presque exilé dans les derniers temps du règne de Louis XIV ; il se rapprocha très-intimement du cardinal de Noailles, le chef aimé de ce parti, secrètement protégé par Madame de Maintenon. Le duc d'Orléans promettait de rappeler les exilés ; les portes de la Bastille seraient ouvertes aux captifs (1), et ce qui flattait plus sin-

(1) Le cardinal de Noailles s'était entendu avec le duc d'Orléans. S. A. R. se rendit plusieurs fois à l'archevêché, secrètement et en chaise à porteurs.

gulièrement encore les jansénistes et les parlementaires, c'était la promesse fort libérale que faisait le duc d'Orléans de substituer au pouvoir des secrétaires d'Etat, toujours un peu arbitraires, une hiérarchie de conseils chargés chacun d'une partie des affaires, forme nouvelle qui laissait à chaque opinion le soin de se faire entendre et de participer au gouvernement.

Mais ce qui créait la force réelle de M. le duc d'Orléans, c'est qu'on le savait décidé à marcher vers son but avec une volonté qui ne reculerait devant aucun obstacle. Force immense pour un homme d'Etat ! Revêtu de la dignité de Régent, parlant au nom du Roi, le duc d'Orléans devait avoir l'armée pour lui, les gardes-françaises et suisses, les mousquetaires, les gens d'armes, les chevau-légers ; il avait fait ses preuves d'ailleurs à la guerre, tandis que le duc du Maine, faible de caractère, esprit civil et dissertateur, inspirait peu de sympathie. Ces réflexions faites, avec la ferme résolution d'aller à son but, le nouveau Régent était sûr du succès,

Le 2 septembre 1715 au matin, des mesures militaires furent prises avec un ensemble et une précision qui laissaient peu de place à la résistance. Depuis la porte Saint-Honoré jusqu'à la Grève, le régiment des gardes était rangé en bataille ; les mousquetaires noirs et gris entouraient la place du palais, les chevau-légers étaient sur les quais; tous, les mousquetons et pistolets au poing. A 11 heures, M. le Régent, dans tout l'appareil de sa puissance, descendit devant le Palais de Justice ; une députation du parlement vint le recevoir au bas du grand escalier ; S. A. R. s'avança vers la salle des grandes audiences, et avec une ferme modestie il ne prit qu'un siége au pied du trône. Se levant ensuite, il prononça un discours fort grave sur les prérogatives du parlement, « à qui seul il appartenait de proclamer la régence. » Rappelant quelques-unes des paroles que le feu Roi lui avait dites à son lit de mort, il démontra la nécessité d'une action unique dans la régence au milieu des périls de l'Etat. « Au reste, ajouta le prince, à quelque titre que j'aie le droit d'espérer la régence, j'ose vous assurer, Messieurs, que je la mériterai par mon zèle pour le service du Roi, par mon amour pour le bien public, surtout étant aidé par vos conseils et vos sages remontrances (1). »

(1) Le discours du Régent fut longtemps discuté entre lui et l'Abbé Dubois avant d'arriver à une rédaction définitive ; j'en ai vu plusieurs brouillons corrigés.

Ces dernières paroles, habilement jetées, assuraient au Régent toutes les voix incertaines du parlement : « Quoi ! le prince concédait à la magistrature le droit de conseil et de remontrance dont elle était privée depuis l'avénement de Louis XIV ! » On venait d'apprendre que, par sa simple autorité, le duc d'Orléans avait fait sortir de la Bastille les jansénistes arrêtés dans les derniers temps du règne de Louis XIV, et cette mesure créait une grande popularité à S. A. R. Le testament du Roi fut lu à haute voix et commenté. Le parlement qui n'aimait pas les légitimés, était indigné de la part absorbante qui leur était faite par le Roi. Les ducs et pairs, Saint-Simon en tête, étaient tous dessinés contre les bâtards, le duc du Maine et le comte de Toulouse : « n'était-il pas étrange que la régence fût déférée au duc d'Orléans, et le commandement des troupes et l'éducation même du nouveau Roi à ces légitimés ? Y avait-il ici une simple idée de gouvernement?» Aussi l'arrêt ne se fit pas attendre (1) : il prononçait l'annu-

---

(1) Reg. du Parlement, 2 septembre 1715. L'arrêt fut rendu ce qu'on appelait tout d'une voix ; le vaniteux et insipide Saint-Simon avait soulevé une question d'étiquette sur le vote au bonnet ; le duc d'Orléans le reprit avec politesse mais avec énergie : « Ce n'est pas le moment de s'occuper d'une

lation du testament de Louis XIV et déférait la plénitude de la régence à Monsieur le duc d'Orléans; on ne laissait plus au duc du Maine que la surintendance de l'éducation du jeune Roi, situation qui semblait plus spécialement convenir à ce prince savant et érudit. L'habileté et la fermeté du duc d'Orléans, dirigé par les conseils de l'abbé Dubois, venait ainsi d'obtenir un succès incontestable (1).

Ce fut aussi par les avis de l'abbé Dubois que furent formés des conseils pour chaque partie de service, au lieu des secrétaires d'Etat pour chaque département. Ce plan avait deux buts : créer un certain nombre de places pour donner

---

affaire d'étiquette, » dit S. A. R. La prétention de Saint-Simon était de placer les pairs au-dessus de la noblesse de France. Ce qui lui mérita l'épigramme que voici :

> Que Saint-Simon, dans sa colère,
> Attaque la noblesse entière,
> Je me ris de cet avorton ;
> Et d'abord, pour me satisfaire,
> Je prends ce roquet au menton
> Et je lui fais voir son grand-père.

(1) Dans la séance du lendemain, 3 septembre, le parlement confia au Régent le commandement de la maison militaire que le testament donnait au duc du Maine. D'Aguesseau fut la main droite du Régent ; on a trop loué le caractère de d'Aguesseau, fort actif et phraseur.

des adhérents à la nouvelle régence, en les prenant dans toutes les opinions ; puis cette forme de conseil permettait au Régent de créer une position supérieure et de confiance pour l'abbé Dubois, qui aurait la sérieuse direction des affaires (1). Il y a, dans les gouvernements, deux sortes d'organes ; les conseils publics et officiels qui agissent par des actes extérieurs, puis un pouvoir de confiance, en qui l'on dépose sa volonté réelle, et que l'on consulte en de graves circonstances ; telle fut la situation de l'abbé Dubois, qui reçut le titre modeste de conseiller d'Etat. L'abbé le méritait bien par sa capacité et son dévouement ; mêlé à toute la vie du duc d'Orléans, rien ne s'était fait que par l'abbé Dubois, même dans la grave séance du parlement. Le Régent avait d'abord préparé un discours fier et cassant; la minute existe encore corrigée de la main de l'abbé Dubois, qui modifia les parties trop dessinées et plaça quelques habiles phrases qui s'adressaient aux intérêts, aux prétentions, à l'amour-propre des parlementaires.

Ce fut aussi l'abbé Dubois qui désigna les diverses personnes du conseil, et il le fit avec une

---

(1) A cette position de conseiller d'État fut joint le titre de secrétaire de la régence.

grande impartialité; très-persuadé que le pouvoir une fois établi et consolidé, rien ne serait plus facile que de modifier le personnel de ces conseils s'ils opposaient la moindre résistance. A son origine, un pouvoir peut beaucoup concéder, sauf à le reprendre une fois fortement établi; l'essentiel est d'être reconnu. Six conseils furent donc créés pour la régence: 1° le conseil de conscience pour les affaires ecclésiastiques, placé sous la direction du chef des jansénistes, le cardinal de Noailles; 2° le conseil des affaires étrangères, sous le maréchal de Villars, le négociateur du traité de Rastadt; 3° le conseil de la guerre, qui formait comme une commission de maréchaux et des officiers les plus distingués; 4° le conseil des finances, encore sous un Noailles fort aimé du parlement; 5° la marine; 6° les affaires du dedans le royaume (le ministère de l'intérieur) (1), et dans tous ces départements, le Régent eut assez d'ascendant sur lui-même pour placer ceux-là qui s'étaient le plus opposés à sa régence; voulant ainsi montrer à tous qu'il était sans souvenir, sans rancune du passé. Le 12 septembre, le jeune Roi vint au parlement sur les genoux de la

(1) Ces conseils étaient comme des ministères collectifs; ils étaient une idée du Régent.

duchesse de Ventadour (1), qui représentait la Reine régente ; la gouvernante prit la parole au nom de S. M. qui confirma tout ce que le parlement avait fait dans la précédente séance, et le jeune Roi ajouta ces deux paroles de sa petite voix enfantine : « Ceci est ma volonté. »

(1) De la famille des Levis.

VII

L'opposition. — Le Château de Sceaux. La duchesse du Maine. Les Savants. — Les Poëtes.

(1715 — 1716.)

Sous les ombrages délicieux de Sceaux, Louise Bénédicte de Bourbon, petite-fille du grand Condé, duchesse de Maine, attendait le résultat de la séance solennelle du parlement ; elle ne croyait ni à tant de fermeté de la part du Régent, ni à une si grande faiblesse de la part du duc du Maine ; elle s'était faite surtout une idée si magnifique de la mémoire de Louis XIV, qu'elle ne pouvait croire qu'on méconnaîtrait à ce point ses dispositions testamentaires ; elle admettait bien la régence du duc d'Orléans, comme premier prince du sang, mais tellement brisée, tellement contenue par la surintendance des princes légitimés et du duc du Maine en particulier, que le Régent aurait dû se résigner à subir toutes les volontés du duc de Maine et du comte de Toulouse. Aussi quand le duc de Maine revint au château de Sceaux, elle l'accabla d'injures, elle lui reprocha ses hésitations, son absence d'énergie dans une circonstance où la volonté fortement exprimée aurait enlevé un vote en faveur du testament (1).

Dès ce moment la duchesse de Maine fit de sa petite cour de Sceaux un salon de resistance et d'opposition à la régence. Cette retraite était admirable, et ses jardins enbaumés de lilas, de roses, de chevrefeuille, attiraient tout ce qui aimait la solitude et les délices d'une campagne enchantée. Bénédicte de Bourbon, spirituelle et savante peut-être jusqu'au pédantisme, était entourée d'érudits, de poètes, Malezieu, Saint-Aulaire, Lagrange-Chancel, et un tout jeune

---

(1) Voir, dans mon *Maréchal de Richelieu*, les détails sur cette entrevue. Les Mémoires de madame de Staal sont très-favorables au duc du Maine. Au reste, les plaisirs scientifiques et les amusements sérieux de Sceaux ont été l'objet d'un livre particulier, les *Divertissements de Sceaux*, par l'abbé Genest.

homme qui portait encore le nom inconnu d'A-
rouet avant de prendre celui de Voltaire. Profonde cartésienne, la duchesse discutait philosophie avec un sentiment exalté, si bien qu'elle
demandait à tous des professions de foi sur le
cartésianisme. Provoqué par la duchesse du
Maine sur cette question, le marquis de Saint-
Aulaire répondit par ce madrigal spirituel :

>   Bergère, détachons-nous
>   De Newton et de Descartes,
>   Ces deux espèces de fous
>   N'ont jamais vu le dessous
>   Des cartes,
>   Des cartes.

Le vert-galant marquis de Saint-Aulaire, né
sous la régence d'Anne d'Autriche (1), ne rê-
vait que galanterie et amour : la duchesse ne
le nommait que son Apollon ; un jour qu'elle
lui demandait de lui confier un secret, Saint-
Aulaire répondit :

>   La divinité qui s'amuse
>   A me demander mon secret,
>   Si j'étais Apollon ne serait point ma Muse
>   Elle serait Thétis et le jour finirait.

(1) François-Joseph de Beaupoil, marquis de Saint-Aulaire
était né en 1643, et mourut en décembre 1742, centenaire.

C'est au milieu de cette société toute littéraire, un peu pédante, que venait s'abriter le jeune Arouet ; enfant il avait vécu avec la vieille sceptique Ninon de l'Enclos ; conduit par l'abbé de Châteauneuf, son parrain, au Temple, chez Messieurs de Vendôme, il s'était abreuvé de l'esprit libertin et impie de cette société. Une des premières épîtres en vers de Voltaire est adressée au Grand Prieur de Vendôme.

>Tout simplement donc je vous dis
>Que de ces jours de Dieu bénis,
>Où tout moine et cagot mange
>Harengs saurés et salsifis,
>Ma Muse, qui toujours se range
>Dans les bons et sages partis,
>Fait avec faisan et perdrix
>Son carême au château Saint-Ange (1).

Ces petits vers impies et mondains avaient fait la renommée du jeune Arouet de Voltaire, et bien que la société de Sceaux n'eût pas ce caractère d'incrédulité, on y avait admis le mordant poète comme un auxiliaire de critique contre le système qui allait s'inaugurer ; on at-

---

(1) Le château Saint-Ange appartenait à la famille Caumartin.

tribua donc au jeune Arouet la fameuse satire *J'ai vu*.

>Tristes et lugubres objets,
>J'ai vu la Bastille et Vincennes,
>Le Châtelet, Bicêtre et mille prisons pleines
>De braves citoyens, de fidèles sujets ;
>J'ai vu la liberté ravie,
>De la droite raison, la règle poursuivie ;
>J'ai vu le peuple gémissant
>Sous un rigoureux esclavage,
>Crever de faim, de soif, de dépit et de rage
>Sous un malheureux esclavage.
>. . . . .
>J'ai vu ces maux et je n'ai pas vingt ans ! (1)

Une telle plume qui pouvait lancer ces satires indignées, devait être accueillie dans le château de Sceaux par la bergère châtelaine qui tenait les poètes et les savants sous ses lois. Voltaire aimait cet esprit, il se rappelait toujours le marquis de Saint-Aulaire qu'il plaça dans son *Temple du goût*.

>L'aisé, le tendre Saint-Aulaire,
>Plus vieux encore qu'Anacréon,
>Avait une voix plus légère :
>On voyait les fleurs de Cythère
>Et celles du sacré vallon
>Orner sa tête octogénaire.

(1) Voltaire niait ces vers, qui, au reste, sont plutôt la satire des derniers temps de Louis XIV que de la régence.

Des pensées plus graves préoccupaient alors la duchesse du Maine ; elle avait pris à cœur de défendre les droits des princes légitimés, et comme le coup qui les avait frappés avait été surtout dirigé par la pairie titrée, elle s'était entouré d'*in-folio,* passant des nuits pour détruire toutes les généalogies des ducs et pairs de France.

Il existe encore, écrit de la main de Madame la duchesse du Maine, un mémoire sur l'origine de toutes les maisons de pairie ; ces généalogies curieuses, écrites avec passion, supposent néanmoins une profonde connaissance des titres et charges des grandes maisons de France. « D'où venaient les d'Usez (premier duc et pair)? d'un apothicaire de Viviers, du nom de Jean Bast, et qui, ennobli par l'évêque de Valence, acheta la terre de Crussol ; les Béthune descendaient d'un aventurier d'Ecosse du nom de Bethon ou Belton ; les Luynes (Brantès Cadenet) d'un pauvre avocat du nom d'Albert qui tenait hôtellerie à Mornay ; les Albert, favoris de Louis XIII, s'étaient enrichis par les confiscations sur le maréchal d'Ancre (1) ; les Cossé-Brissac venaient d'Italie ; les Richelieu d'un

(1) Je traiterai cette généalogie de de Luynes dans ma *Marie de Médicis*

joueur de luth, favori du cardinal, dont la sœur s'était éprise et qui l'épousa. Le vaniteux Saint-Simon, ce brouillon si grand orgueilleux, comptait parmi ses ancêtres un simple écuyer de madame de Schomberg ; c'était par la ressemblance des armes de la Vaquerie et de Vermandois qu'il s'était dit issu d'une princesse de cette maison, tandis que sa véritable source était un bourgeois juge de Mayenne, nommé le Bossu (ceci était dans le cas de tuer l'orgueil héraldique du duc de Saint-Simon). Les La Rochefoucauld venaient d'un boucher du nom de Georges Vert, « qui, du haut de son étal, serait un peu étonné, dit le mémoire, de voir leurs prétentions actuelles ». Les Gramont devaient leur illustration à Corisandre d'Audoin, maîtresse de Henri IV ; les Noailles descendaient d'un écuyer du comte de Beaufort, vicomte de Turenne, qui érigea en fief un petit coin de la terre de Noailles. » La hargneuse duchesse du Maine ajoute que la famille de Montmorin possédait une tapisserie sur laquelle on voyait un Noailles présenter les plats sur la table (1) ; les d'Harcourt, de la bourgeoisie de

(1) Ceci ne prouvait rien contre la noblesse des Noailles ; le devoir des pages et des écuyers était, au moyen âge, de servir dans les festins. (Voyez Saint-Palaye, *Mémoire sur la Chevalerie*, chap. 3, et mon *Agnès Sorel*.

Caen ; les Villars, d'un greffier de Condieux, en 1486 ; les ducs de Gesvre, des Potiers du parlement ; les Clermont-Tonnerre, d'un conseiller du dauphin du Viennois. « Cependant, continuait la duchesse du Maine, ce sont ces gens-là qui se comparent aux ducs de Bourgogne, de Guyenne, de Normandie, aux comtes de Flandres, de Champagne et de Toulouse, ce sont ces gens-là qui cabalent pour mettre les princes du sang légitimés dans le rang de leur pairie, qui, ne se contentant pas de traiter le parlement avec mépris, veulent faire marcher la noblesse à leur suite, en exiger le titre de Monseigneur dans les lettres, lui refuser la main chez eux et se dispenser de mesurer leur épée avec les gentilshommes ; ce sont enfin ces gens-là qui, oubliant qu'ils font partie du parlement, osent comprendre dans le tiers état, cette compagnie, la plus auguste du royaume (1). »

Ce mémoire, écrit avec colère, était une ven-

(1) Mémoire pour le parlement contre les ducs et pairs. — Au bas de ce Mémoire, trouvé dans les papiers du Régent, il y avait, écrit de sa main : *Sursis jusqu'à la majorité du Roi.* On attaquait surtout Saint-Simon, qui avait servi le Régent presque avec humilité.

> Petit houzard du Régent de la France,
> Greffier des pairs, nous t'imposons silence,
> Paix !

geance de l'appui qu'avaient prêté les ducs et pairs à l'arrêt de déchéance contre les légitimés, le duc du Maine, le comte de Toulouse : qu'étaient donc tous ces ducs et pairs pour s'élever contre le propre sang de Louis XIV ? La vengeance de la duchesse de Maine ne se borna point là ; elle en voulait surtout au duc d'Orléans qui s'emparait de la Régence absolue, du gouvernement du royaume, au mépris du testament de Louis XIV. Il y avait alors parmi les poètes et les gens d'érudition qui entouraient la duchesse sous les ombrages de Sceaux, un spirituel mousquetaire, protégé de la princesse de Conti, et dont le frère même était page de la duchesse (1). Il se nommait Lagrange-Chancel, périgourdin d'origine, faiseur de tragédies avec une certaine renommée ; mais ce qui le distinguait surtout, c'était un esprit caustique, acrimonieux. Dans une de ces réunions de nuit qu'aimait tant la duchesse du Maine, Lagrange-

> Souviens-toi de ta naisssance,
> Bourgeois poltron et punais,
> Paix.

(1) Joseph de La Grange-Chancel était né le 1er janvier 1676, à Périgueux ; il avait fait bon nombre de tragédies : *Oreste et Pylade, Jugurtha, Méléagre, Cassius ;* elles eurent un grand succès ; et aujourd'hui qui connaît encore La Grange-Chancel et ses tragédies ?

Chancel lut sa première satire, infâme pamphlet, auquel il donna le titre de *Philippique*, du nom de Philippe, duc d'Orléans.

> A peine ouvrit-il les paupières,
> Que tel qu'il se montre aujourd'hui,
> Il fut indigné des barrières
> Qu'il vit entre le trône et lui.
> Dans ces détestables idées,
> De l'art des Circé, des Médées
> Il fit ses uniques plaisirs ;
> Il crut cette voie infernale
> Digne de remplir l'intervale
> Qui s'opposait à ses désirs.

Ainsi l'accusation fatale d'un empoisonnement contre toute la lignée de Louis XIV reparaissait dans cet abominable pamphlet. Puis, d'après le poète, l'insatiable ambition du duc d'Orléans l'avait porté à usurper le trône d'Espagne.

> Que de divorces, que d'incestes
> Seront le fruit de ses complots ;
> Verrons-nous les flambeaux célestes
> Reculer encore dans les flots ?
> Peuple, arme-toi, défends ton maître,
> Sache que la main de ce traître (1)
> Cherche à lui ravir ses États ;
> Le lit même de ton Philippe

(1) Ces vers se rapportent aux projets du duc d'Orléans sur la couronne d'Espagne.

> Doit voir, de Thyeste et d'OEdipe,
> Renouveler les attentats.
> Nocher des ondes infernales,
> Prépare-toi, sans t'effrayer,
> A passer les ombres royales
> Que Philippe va t'envoyer.

Ces imprécations étaient applaudies dans cette société que l'esprit de vengeance animait. Souvent, lorsque les passions s'agitent, ce qui paraît atroce aux yeux de tous est pour les partis comme la vérité; quand on veut perdre un pouvoir, on l'accable de calomnies ; il n'est pas de justice pour lui, et la répression vigoureuse seule le venge et le protége.

VIII

**Mesures populaires de la Régence.
Les Jansénistes. — Tribunal de Justice
contre les Financiers.**

(1716)

Au premier moment d'un pouvoir, tout son soin est d'aspirer à la popularité, et avec cette pensée souvent il s'engage dans une voie de trop faciles concessions ; le Régent, pour se rendre la majorité du Parlement favorable et avec lui la bourgeoisie de Paris, avait fait des concessions au parti janséniste ; tous les exilés étaient rappelés, tous les prisonniers de la Bastille étaient mis en liberté (ce qui était juste). Mais les partis, en général, ne se contentent pas de ces conditions de justice, ils veulent encore le pouvoir, et le cardinal de Noailles, chef du conseil de conscience, donna tous les évêchés, tous les bénéfices vacants aux partisans *de la grâce*, aux adversaires de la bulle *Unigenitus*. Aussi rien de plus populaires que ces premiers actes de la Régence : les opinions bruyantes vous tiennent compte avec éclat de ce que l'on fait pour elles, et il existe une multitude de gravures qui représentent le Régent entouré des chefs jansénistes, qui le proclament le restaurateur de la religion (1). Un peu sceptique, le Régent se raillait lui-même des concessions qu'il faisait; il aimait à dire : « Les jansénistes n'ont pas à se plaindre ; je donne tout à la *grâce* et peu au *mérite*, » faisant ainsi allusion à la doctrine de Jansenius.

Ce fut au milieu de ces affaires religieuses que l'abbé Dubois se lia d'une vive amitié, d'une loyale sympathie avec le père Massillon, de l'Oratoire, le grand orateur de la chaire. Né à Hyères, la ville des fleurs, sous un éclatant soleil, Massillon avait semé dans toutes ses œuvres cette imagination méridionale qui éclaire tout (2) ; on ne pouvait rien comparer aux

(1) Biblioth. Imp., cabinet des Estampes, 1716.
(2) Massillon était né en 1663. Le cardinal de Noailles était devenu insupportable par ses exigences jansénistes.

splendides sermons qu'il avait prêchés devant le roi Louis XIV vieillard, et quand la Régence triompha, l'abbé Dubois présenta Massillon au Régent ; la douceur de son caractère, la grâce de ses paroles étaient bien capables de faire aimer la religion à qui était indifférent pour elle. Massillon, oratorien, et par conséquent un peu janséniste, n'était point repoussé par les jésuites ; il fut respectueusement lié avec les cardinaux de Bissy et de Rohan, les chefs du parti moliniste ; il pouvait apaiser les querelles religieuses qui, à la fin, devaient fatiguer le Régent. Qu'on se représente un esprit paresseux, un peu incrédule, tel que M. le duc d'Orléans, sans conviction bien prononcée, en présence de deux partis ardents aux querelles, prêts à se précipiter l'un sur l'autre avec des opinions religieuses toujours inexorables, et l'on s'explique très-bien comment le Régent s'abandonna à l'abbé Dubois et au père Massillon pour concilier les partis irrités.

La seconde mesure destinée à assurer la popularité du Régent, fut celle qui, pour nous servir de l'expression du temps, fit rendre gorge aux sangsues du peuple, c'est-à-dire aux traitants, popularité facile au profit d'un pouvoir nouveau qui absorbe les amendes et confiscations; plus tard il paye cher par l'absence du crédit ces sortes de violences. A la fin du règne de Louis XIV, dans les périls de l'invasion du territoire par la coalition, le Roi avait eu recours à tous les moyens pour se procurer des ressources ; le contrôleur des finances Desmarets, esprit pratique et à expédients, n'avait pas calculé les moyens ; ne fallait-il pas avant tout sauver la France? Ainsi on avait non-seulement négocié des emprunts un peu onéreux, grandi les rentes sur l'Hôtel de ville, mais encore passé des marchés pour les fournitures de l'armée : vivres, pain, viande, habits ; on n'avait pas compté avec ceux qui fournissaient parce que le danger était pressant. De là les bénéfices considérables pour les fournisseurs, pour les traitants ; c'était chose légitime au point de vue légal ; ceux qui signent un marché doivent savoir ce qu'ils font et pourquoi ils le signent. Les principaux de ces financiers étaient : Ferlet, receveur des tailles, la Vieuville aîné, fermier général, Poulletier, intendant de Lyon, Nicolas Carillon, traitant, Le Roux, caissier central, Hurault de Bérule, Louis Hérault, marchands de bois, Silhouète, receveur des tailles à Limoges, Paul de Puyneuf, fournisseur de vins, Méré, Caze, Thomé, Virouville, Crozat, Duplessis, Taboureau, Langeois, Bourdilet, Bouret, Bernard, Berthault, Henault, Langlois, de Blair, Courcelle, Legendre, Dodun, Dupuy, Lenormand, etc., tous banquiers, fournisseurs, intendants ou fermiers généraux (1). Les principaux parmi les financiers étaient Samuel Bernard, banquier, Février, fournisseur de vivres, Chaumont, qui avait pris aussi les fournitures de Flandre et d'Italie avec les quatre frères Paris, Pajot, Forrier, Desportes, et avec eux Claude le Blanc et Fouquet de Bellisle. D'après la liste de 250 noms soumis au Régent, on évaluait à environ 750,000,000 les bénéfices opérés par toutes ces compagnies dans les dernières années du règne de Louis XIV.

Par un édit du 16 mars 1716, il fut formé, aux acclamations du public, une chambre spéciale siégeant à l'Arsenal, pour la poursuite de tous ceux qui avaient malversé dans les finances; elle procéda avec une promptitude et un arbitraire qui n'ont pas d'exemple; elle forma des listes de financiers avec des taxes dont le chiffre total s'éleva à 150,000,000. Les principaux taxés étaient ceux-ci : Claude Le Blanc à

---

(1) Les financiers possédaient les plus beaux hôtels de Paris, toute la place Vendôme, la rue Saint-Honoré, celle des Petits-Champs, la place des Victoires, etc.

7,885,335 liv. (1), Samuel Bernard 4,000,000, Chaumont 3,000,000, le fournisseur Forges 2,000,000, Bérule 1,125,000, Rey de Riencourt 3,200,000, Brunet 4,250,000, Romanet 4,457,000, Jean Charpentier 3,350,000, Antoine Crozat 6,650,000, Henault (le frère du président Henault) 1,800,000, le receveur général Du Brenet 1,00,000, Jean Ursin 1,500,000, etc.

Rien de plus arbitraire que ces taxes faites par une cour spéciale chargée de rechercher la fortune de tous ceux qui avaient négocié avec l'Etat. Ces arrêts ne se bornèrent point là ; il y eut des condamnations et des flétrissures, des amendes honorables (le pilori), des confiscations surtout (2) ; chaque fois qu'une confiscation est

(1) Ces listes, que j'ai sous les yeux, se divisent en rôles; le premier est de novembre 1716 et s'élève à 14,534,907; le second, du 14 novembre, s'élève à 15,549,131; le troisième, le 21 novembre, à 24,885,720 ; le quatrième, 30 novembre, à 20,642,219; le cinquième, le 5 décembre, à 10,631,729 ; le sixième, le 12 décembre, à 12,962,334; le septième, le 19 décembre, à 17,127,481; le huitième, le 2 janvier 1717, à 32,556,296. Il y eut ensuite des taxes particulières ; je lis dans l'une : « Le juif Samuël Bernard, 4,000,000. » Cette note est extraite du rapport Ms du procureur général de la Commission de l'Arsenal. Voyez mon *Histoire des opérations financières*, T. Ier.

(2) La plupart des hôtels de la place Vendôme, confisqués sur les financiers, devinrent propriétés de l'Etat.

prononcée, il est rare qu'on ne la fasse suivre d'une peine afflictive pour justifier l'une par l'autre. Au reste, toutes ces mesures étaient très-populaires ; il existe encore des gravures contemporaines qui reproduisent le supplice et la flétrissure des financiers ou des maltôtiers, car il fallait leur appliquer une expression honteuse. Le peuple témoigna une grande joie et chanta les louanges du Roi et du Régent, « qui faisaient justice des voleurs des deniers publics. » Comme les financiers faisaient le luxe de Paris, comme on les accusait de mœurs légères à l'Opéra, parmi les demoiselles de Paris, une autre estampe reproduit ces demoiselles en pleurs avec leurs toilettes en désordre.

> Pleurez, malheureuses grisettes,
> Pleurez, gibier de maltôtiers ;
> Ou bien chantez adieu paniers,
> Car, pour vous, vendanges sont faites.
> Avant la juste décadence
> De tous ces riches partisans,
> Combien aviez-vous eu présents,
> Hôtels, bijoux en abondance ;
> Mais depuis que le sort fatal
> A renversé votre fortune,
> Où irez-vous ? à l'hôpital ! (1).
> Ou bien raccrocher à la brune.

(1) Collect. des Estampes (*Biblioth. Imp. ad Ann.* 1716.

Les temps sont ainsi les mêmes; la richesse enfante le luxe, et le luxe les mauvaises mœurs; les femmes étaient alors ce qu'elles seront toujours: amoureuses du sac des financiers. Le gouvernement de la Régence put, par cette mesure arbitraire, se procurer quelques secours momentanés; mais l'Etat dut porter la peine de ces avanies car il n'inspira plus ni crédit, ni confiance. Il faut prendre les financiers tels qu'ils sont; ils spéculent, c'est leur état; ils font des bénéfices, c'est leur droit; tant qu'il n'y a pas fraude ou dol on ne peut les dépouiller. Qu'arrive-t-il autrement? c'est qu'ensuite l'Etat, ayant besoin d'eux, ne les trouve plus à son aide; il vaut mieux sacrifier quelque chose au crédit, à la confiance, que de s'exposer à les perdre, alors même qu'on y gagnerait un bénéfice momentané. Il ne faut pas, comme le sauvage, couper l'arbre pour cueillir le fruit.

IX

La famille du Régent au Palais-Royal. L'Abbé Dubois.

(1716 — 1717)

Les actes d'une popularité retentissante assuraient la force du gouvernement de la Régence, et dès ce moment elle put marcher avec plus de fermeté dans ses voies. Après la mort de Louis XIV, l'enfant royal, son successeur, avait quitté Versailles pour éviter le mauvais air, et on l'avait conduit à Vincennes dans le bâtiment neuf, à côté de la Chapelle de Saint-Louis. Ce vaste bois parqué lui permettait de respirer l'air à plein poumons, et les couleurs revinrent sur ses joues maladives; madame de Ventadour, sa gouvernante, en prenait un soin particulier, et malgré les atroces calomnies de la société de la duchesse du Maine à Sceaux, on voyait le Régent joyeusement satisfait des améliorations sensibles dans la santé du jeune Roi. A quelques mois de là, Louis XV fut conduit aux Tuileries; le Régent avait pour but de le rapprocher du Palais-Royal, et de le montrer surtout au peuple qui pourrait le voir et le contempler chaque jour à souhait. A l'âge de sept ans, selon l'usage, le Roi passait aux mains des hommes; madame de Ventadour, qui avait si longtemps porté sur ses genoux ce gracieux enfant, s'en sépara en pleurant; il fut loyalement placé sous la garde du duc du Maine et du vieux maréchal de Villeroy (1) ; le Régent lui nomma pour précepteur l'évêque de Fréjus, Fleury (2), caractère doux, indulgent et d'une beauté d'âme indicible. On parlait déjà du sacre de Reims.

A côté des Tuileries, au Palais-Royal, le Régent avait établi sa cour particulière, et celle-ci libre de toute contrainte. Sa vieille mère, la princesse Palatine, vivait encore, entourée de

---

(1) Le duc du Maine et le maréchal de Villeroy étaient désignés par le testament de Louis XIV.

(2) André-Hercule de Fleury, depuis cardinal, qu'il ne faut pas confondre avec l'abbé Claude Fleury, sous-précepteur des Enfants de France, l'auteur de l'*Histoire Ecclésiastique*.

tous les respects; mais à mesure qu'elle avançait dans la vie, son caractère prenait encore quelque chose de plus âpre, de plus maussade; grosse comme une outre, la figure enluminée, elle ne se plaisait que dans les mauvais propos, et sa grossière correspondance en fait foi; son portrait, tel qu'on le voit à Versailles, nous la représente toute vermillonnée, avec ses yeux ronds sans cil, les lèvres épaisses qui ne s'épanouissaient qu'au bruit des médisances.

Quel contraste avec la charmante famille qui environnait son fils : il n'avait qu'un seul garçon, de treize ans, studieux comme un bénédictin, déjà entouré de livres hébreux, chaldéens, syriaques, curieux de toutes les sciences; puis trois filles adorées : Marie-Louise-Elisabeth, Mademoiselle, duchesse de Berry; Louise-Adelaïde, Mademoiselle de Chartres; Charlotte-Aglaé, Mademoiselle de Valois, toutes trois de seize à vingt ans, puis deux jolies petites filles, Louise-Elisabeth, Mademoiselle de Montpensier, à cinq ans, et Philippe-Elisabeth, Mademoiselle de Beaujolais, à un an à peine : n'y avait-il pas à rendre fou de bonheur un excellent père? Des portraits ravissants se trouvent dans la galerie de Versailles, et nul ne peut croire aujourd'hui aux calomnies des pamphlets.

Madame la duchesse de Berry, toute jeune veuve, habitait le Luxembourg ; mariée à un fils de France, l'oncle du roi Louis XV, elle en revendiquait les prérogatives. Saint-Simon, lui, si parfaitement ridicule dans ses doléances sur les prérogatives des ducs et pairs (1), raconte en termes indignés, qu'un jour la duchesse de Berry traversa Paris avec ses gardes, timballiers en tête ; n'était-ce pas la prérogative des filles de France ? n'était-ce pas en vertu de ce même droit que la duchesse de Berry avait une loge ornée de baldaquins au théâtre, et qu'elle reçut les ambassadeurs de Venise sur un fauteuil au pied du trône royal ? orgueil que lui reproche Saint-Simon ; et quant à ses habitudes faciles, veuve et libre, elle avait un irrésistible goût pour les plaisirs : plus vive que soigneuse de sa santé, elle s'exposait aux longues nuits, aux intempéries de l'air, aux chaleurs de l'été, aux froidures de l'hiver, sans prendre garde à la vie dont elle semblait se railler ; d'une santé d'abord parfaite, elle fit en toute chose un peu à sa volonté : capricieuse, impérative et faible à la fois, avec

(1) Les admirateurs de Saint-Simon n'ont pas remarqué qu'un bon tiers de ses *Mémoires* est consacré à des débats sur les prérogatives des pairs. Saint-Simon serait un bien petit esprit s'il n'avait le charme de la médisance.

cette organisation nerveuse elle voulait un jour fortement et cédait le lendemain, et son excellent père faisait tous ses caprices ; il aimait sa folle joie dans les soupers, son irritation subite et sa langueur habituelle; charmante, spirituelle, elle provoquait la joie, le rire, quand la fièvre fatale la dévorait; comme dans la ballade allemande, elle portait la mort en croupe, et dans les belles allées de la Muette, au milieu des libations et des joies de la vie, des spasmes, des évanouissements annonçaient que cette pauvre femme s'étourdissait pour ne pas entendre le glas funèbre. Une sympathie secrète vous pousse toujours vers les êtres qui retiennent la vie par des efforts violents : ainsi, on suit avec un triste intérêt ce que Saint-Simon appelle les orgies de la duchesse de Berry : il les raconte avec une grande rancune, parce que la duchesse avait blessé les droits des ducs et pairs : si la duchesse de Berry était si dissolue, comment madame de Saint-Simon était-elle restée sa dame d'honneur (1) ?

(1) Le salon de la duchesse du Maine, profond ennemi de la duchesse de Berri, avait fait sur elle mille épigrammes ; elles sont d'une crudité telle qu'on ne saurait les rapporter ; sa passion pour le comte de Riom, si cruellement raillée par Saint-Simon, n'avait rien de licencieux puisqu'elle devait aboutir au mariage.

La seconde des filles du duc d'Orléans, Louise-Adelaïde, élevée d'abord dans les mœurs faciles de la Régence, esprit et cœur haut, s'était vouée à l'idée religieuse ; on la voit, enfant, dans cette pensée, et son premier portrait, œuvre de Coypel, la représente sous le vêtement de bure d'une cordelière. Voltaire, le sceptique, ne manque pas cette circonstance pour lui adresser de jolis vers, à peu près semblables à ceux qu'il avait faits pour mademoiselle de Charolais, vêtue de la robe de capucin (1).

> Frère Ange de Charolais,
> Par quelle étrange aventure
> Le cordon de saint François
> Sert à Vénus de ceinture ?

C'était souvent une fantaisie de coquette que de se revêtir de la robe et du capuchon de moine ; rien n'encadrait mieux une physionomie enfantine, et le peintre de Troyes avait fait sa renommée avec le portrait de l'Amour pèlerin ; mais cette fois, pour Louise-Adelaïde d'Orléans (Mademoiselle de Chartres) c'était comme le pressentiment d'une vocation qui devait arriver. La plus jolie de toutes, dans cette charmante corbeille de

(1) Mademoiselle de Charolais était troisième fille de M. le prince de Condé.

fleurs, c'était Mademoiselle de Valois à seize ans ; artiste comme son père, elle peignait et jouait du luth à ravir ; autour d'elle se groupaient les peintres d'une juste célébrité ; Watteau, son maître, peignait les dessus de porte et les ornements de ses trumeaux et glaces. Mademoiselle de Valois aimait les petits meubles coquets, les petits riens d'orfévrerie, les petites statuettes, et il existe encore d'elle un ou deux petits tableau à la façon de Mœris. Indépendamment de son tendre orgueil de père, le Régent voyait dans cette nombreuse et charmante famille des éléments pour de belles alliances autour de lui et en Europe ; l'arbre héraldique de la maison d'Orléans aurait des racines partout (1).

L'abbé Dubois, au milieu de ses labeurs considérables, que lui créait sa position de secrétaire d'État, gardait des goûts d'art et de science ; il avait une passion pour les statues, les tableaux et les livres ; les œuvres antiques de la Grèce et de Rome étaient partout recueillies, achetées pour son musée avec les camées, les pierres gravées,

(1) On a fait une triste spéculation des lettres qu'on a supposées de mademoiselle de Valois pour le jeune duc de Richelieu ; la plupart de ces lettres sont fausses ; le duc de Richelieu, grand fat, vantard de bonnes fortunes, transformait facilement en amour l'intérêt qu'inspiraient son nom et son extrême jeunesse. (Voyez mon *Maréchal de Richelieu*).

les mosaïques, et dans ce siècle railleur, ce goût du nu, qui est l'art antique, lui était reproché comme une pensée licencieuse, lui, pauvre malade, travailleur infatigable, condamné à l'eau et aux herbes bouillies ! Sa passion pour les tableaux allait au delà de toutes limites ; il aimait surtout les toiles de Poussin, il les achetait en Flandre, en Italie, et quand une vente était annoncée, l'abbé Dubois ne craignait pas de se déplacer pour acquérir un tableau qui pouvait orner sa galerie ; il aimait les paysages de Poussin qui rappelaient la campagne de Rome, et l'Arcadie avec ses bergers et ses bergères antiques. La collection des camées de l'abbé Dubois était la plus précieuse de l'Europe, et parmi ces pierres s'en trouvaient quelques-unes qui reproduisaient les sacrifices à Pan, des priappées payennes ; autre objet d'accusation contre les mœurs de l'abbé Dubois, passionné encore pour les pures éditions de Hollande, les premiers Elzévirs si corrects, et dont il formait sa belle collection, depuis passée à la librairie du Roi (1).

(1) Le Régent était aussi fort amateur des éditions rares grecques, latines ; on lui doit la collection des éditions princeps des poètes de la vieille Grèce qu'il voulait illustrer comme il l'avait fait pour Daphnis et Chloé.

X

Relations diplomatiques du Régent. L'alliance anglaise.

(1716 — 1717)

Les recommandations de Louis XIV au lit de mort, la situation de la monarchie, fatiguée par trente années de guerre, le caractère personnel du Régent, lui avaient fait considérer le maintien de la paix comme la première condition de son gouvernement ; dès qu'il eut touché les affaires, le Régent aperçut toutes les difficultés de la situation ; on était sous l'empire des traités d'Utrecht, de Rastadt et de Bade, qui avaient assuré la paix en Europe (1). Mais la connais-

(1) 1713-1714.

sance des faits ne permettait pas de croire à la durée de cette paix. En Angleterre, où la coalition s'était formée, un changement de ministère venait de bouleverser les relations extérieures ; les torys qui avaient signé les derniers traités, avaient été remplacés par les wighs, et tout ce qui avait été fait à la fin du règne de la reine Anne, sous l'influence de Bolingbrocke, était considéré et poursuivi comme une trahison. Le ministère wigh, dirigé par lord Stanhope et dominé par le comte de Walpole, à l'avénement de Georges Ier, était déterminé à une nouvelle coalition, en invoquant des griefs sérieux contre la France (1).

Le premier de ces griefs était la construction du canal de Mardick, destiné à remplacer les fortifications de Dunkerque, qui devaient êtres démolies ; les wighs considéraient cette violation indirecte du traité d'Utrecht comme un *casus belli* suffisant, et il avait été même question dans le Parlement d'envoyer une escadre pour détruire les ouvrages de Mardick, même par la force des armes. Ce grief n'était pas le plus vif, le plus puissant encore ; à tout prix les wighs

(1) Les whigs avaient signé un traité d'alliance avec les États généraux, le 17 février 1716, et avec l'empereur, à Westminster, le 25 mai 1716.

voulaient empêcher la restauration des Stuarts et assurer la succession de la couronne d'Angleterre dans la ligne protestante; et en vertu de ce principe, Georges Ier était appelé au trône. Par un article secret du traité d'Utrecht, le Roi de France s'était engagé, non-seulement à éloigner le Prétendant qu'il avait naguère salué du nom et du titre de Jacques III, roi d'Angleterre (1), mais encore à empêcher toute entreprise qui pourrait troubler l'état présent des trois royaumes ; or, le Prétendant quittait Avignon, sa résidence, l'asile pontifical ouvert à toutes les infortunes, et, traversant la France, il débarquait en Écosse. C'était une idée aventureuse que de tenter une restauration! Quand il s'est opéré violemment, je l'ai dit, une modification dans la propriété et les intérêts, une restauration est difficile. Ce qu'on pardonne le moins, c'est le mal qu'on a fait soi-même ; or, un pays qui a persécuté une dynastie, ne la rappelle qu'avec crainte et défiance. Les wighs, maîtres du pouvoir, reprochaient à la couronne de France un manquement à sa parole ; de là leur négociation avec la Hollande et avec l'Empereur pour renouer la triple alliance contre la France.

(1) Le comte de Garden, dans son *Histoire des Traités de Paix*, entre dans de longs détails sur cette négociation.

Ainsi quand le Régent prenait le pouvoir, la France était menacée d'une nouvelle coalition, d'autant plus facile dans ses succès, qu'on savait la monarchie épuisée d'hommes et d'argent : en vain, dans une circulaire adressée à ses ambassadeurs, le Régent avait déclaré s'engager au maintien de la paix et à l'observation absolue des engagements pris à Utrecht (1) ; une note dans le même sens fut remise à lord Stair, ambassadeur d'Angleterre à Paris. Les wighs n'en furent pas satisfaits (2) ; les attaques contre la France continuèrent dans le Parlement ; les torys, derniers ministres de la reine Anne, furent même menacés d'une accusation pour avoir fait trop de concessions à la France dans les négociations d'Utrecht. Ce fut alors que le Régent envoya comme négociateur extraordinaire à Londres, le comte d'Iberville, pour proposer une triple alliance entre la France, l'Angleterre et la Hollande, afin de garantir l'exécution pleine et entière des derniers traités ; le comte d'Iberville échoua au milieu des méfiances du parti

---

(1) Dépêche du Régent adressée au marquis de Châteauneuf, ambassadeur à La Haye.

(2) Dans cette note, habilement rédigée (février 1716), le Régent désavouait toute participation aux événements de l'Ecosse.

wigh, tandis que le marquis de Châteauneu essayait en vain à La Haye d'engager la Hollande dans cette voie.

Ce fut dans cette situation des affaires que l'abbé Dubois proposa d'essayer une négociation personnelle avec lord Stanhope, premier ministre de Georges II, et honoré de toute sa confiance. L'abbé Dubois s'était lié d'une vive amitié avec lord Stanhope dans son voyage en Angleterre, car il avait vécu dans la société des wighs; lorsque lord Stanhope était venu en simple voyageur à Paris, sous le règne de la reine Anne, l'abbé Dubois lui avait rendu cette hospitalité avec beaucoup de grâce; il en était né une vive intimité. On pouvait donc la faire servir au maintien de la paix et à la réalisation de la triple alliance. Par l'ordre du Régent, l'abbé Dubois écrivit la lettre que voici au premier ministre du roi Georges II; elle fut envoyée après les malheurs du Prétendant en Ecosse (1).

« Milord, on ne peut pas faire profession, comme je fais depuis longtemps, d'être de vos amis, sans prendre beaucoup de part au succès que le soin de votre Ministère a eu dans les derniers mouvements de l'Ecosse, et sans vous

(1) Autographe de l'abbé Dubois, 19 mars 1716.

congratuler sur l'événement qui les a fait finir si promptement. J'ai été trop instruit des anciennes liaisons d'estime et de confiance que vous avez eues avec Monseigneur le duc d'Orléans, pour ne pas être charmé du prompt retour du Prétendant, parce que, d'une part, il vous est glorieux, et que, d'autre part, il vous désabuse des bruits qui s'étaient répandus d'une influence secrète de notre Cour pour cette entreprise, et vous faire voir qu'ils n'ont plus aucun fondement. J'espère que rien n'altérera les premières dispositions où je vous ai vu, et je souhaite qu'on ne néglige rien de part et d'autre de ce qui peut contribuer à la correspondance entre nos deux maîtres. Je vous supplie, Milord, de me continuer l'honneur de votre bienveillance et d'être persuadé que, dans toutes les occasions qui se présenteront, vous trouverez en moi l'ami que vous avez si bien traité et toute l'estime et la reconnaissance que je vous dois (1). »

A cette lettre significative et amicale, lord Stanhope répondit : « Monsieur, j'ai reçu l'honneur de votre lettre du 12 mars, et suis très-

---

(1) Cette lettre dément le bruit qu'avait fait courir la société du duc du Maine d'une intelligence avec l'Angleterre pour réaliser une révolution de 1688, lors de la séance du Parlement où assistait lord Stair dans une tribune.

sensible à la bonté que vous avez de vous souvenir d'un ancien ami dans lequel, je vous assure, vous trouverez toujours beaucoup de franchise et une véritable estime pour vous. Je suis heureux d'apprendre d'aussi bonne part l'heureuse disposition de votre Cour; les apparences commençaient véritablement à nous alarmer (1); mais comme nous savons que non-seulement nos intentions, mais toute notre conduite n'a pu donner aucun fondement aux bruits que certaines gens ont affecté de publier par tout le monde, comme si le Roi voulait la guerre et qu'il fît agir auprès d'autres puissances pour les y porter, nous voulons bien croire que ces bruits n'ont point été autorisés et débités à dessein de colorer les projets qui pourraient se former contre nous; nous voulons bien croire aussi que tous les bruits d'une influence secrète de votre Cour pour l'entreprise du Prétendant n'ont été qu'une pure invention des Jacobites pour encourager leur parti. Quelque soupçon que l'on ait pu avoir pour le passé, il est sûr qu'il n'y a rien de si aisé pour l'avenir que de se convaincre les uns les autres que l'on veut vivre en paix, si tant est que véritablement on

(1) Le passage libre du Prétendant à travers la France.

le souhaite. Pour ici je vous en réponds, et il faut espérer qu'un prince aussi éclairé que Monseigneur le Régent, ne sera point la dupe de nos malheureux fugitifs, qui lui attireront très-certainement de mauvaises affaires pour peu qu'il leur prête l'oreille... Vous voyez que je vous tiens parole à vous parler franchement ; je crois que c'est toujours le meilleur moyen de savoir à quoi s'en tenir ; au reste, Monsieur, quelque parti que prennent nos maîtres, je vous prie de croire que je suis avec une passion très-sincère, etc. — STANHOPE. »

Cette correspondance en termes très-francs et très-froids, n'engageait aucun des deux gouvernements ; elle était purement de conseil et de confiance amicale entre les hommes d'Etat. L'abbé Dubois savait la situation délicate de lord Stanhope vis-à-vis du Parlement et de son parti ; il n'ignorait pas non plus les difficultés dont le Régent était environné ; et, par exemple, ne soulèverait-il pas l'indignation, l'orgueil de toute la noblesse de France, s'il s'obligeait à expulser un Stuart (la grande race des gentils-hommes) même du Comtat d'Avignon (1) ? et

---

(1) On disait déjà des liaisons du Régent avec Georges II :
Un Roi que les siens persécutent (Jacques III).

pourtant, l'abbé Dubois était convaincu qu'il n'y aurait de traité possible avec les whigs qu'à cette condition essentielle. Le marquis de Châteauneuf, ambassadeur en Hollande, reçut l'ordre de pressentir les Etats généraux sur une intervention amicale de leur part pour maintenir et consolider la paix. Le grand pensionnaire Heinsius, lié avec l'Angleterre, communiqua les désirs, la bonne volonté du Régent au cabinet de Londres ; mais tout marchait bien lentement lorsqu'une circonstance vint hâter une solution.

Au mois de juin 1716, le roi Georges résolut de visiter ses possessions allemandes : dans son voyage sur le continent, il devait traverser la Hollande, s'arrêter à La Haye accompagné de lord Stanhope ; Walpole était alors ambassadeur d'Angleterre auprès des Etats généraux, et c'était chez lui que devait demeurer le roi Georges II. Contre l'opinion du maréchal d'Uxelles, président du conseil des affaires étrangères, l'abbé Dubois fut d'avis qu'on devait saisir cette circonstance pour opérer le rapprochement désiré avec l'Angleterre. Le Régent partagea cet avis, qui seul

Nous rencontre encore plus cruel ;
Mais dans un temps comme le nôtre,
Les usurpateurs l'un à l'autre
Se doivent des soins mutuels.

6.

pouvait assurer la paix, et désigna l'abbé Dubois comme chargé d'une mission secrète ; il devait se hâter d'être à La Haye avant l'arrivée de lord Stanhope. Comme il fallait un prétexte à ce voyage, l'abbé Dubois, artiste et très-amateur de beaux tableaux, admirateur de Poussin, fit répandre le bruit qu'il allait en Hollande à cause d'une très-belle vente de tableaux, et sur-le-champ il partait pour La Haye, porteur de traites pour trois millions de francs; il acquit pour le Régent de nombreuses et belles toiles, et spécialement les *Sept Sacrements* de Poussin (2). Ce fut, entouré d'Elzévirs, de tableaux de grandes écoles, que l'abbé Dubois attendit l'arrivée de Georges II et de lord Stanhope ; quand il apprit que le Roi d'Angleterre et son ministre avait pris l'hospitalité chez lord Walpole, l'abbé Dubois s'empressa d'écrire « qu'étant, pour l'acquisition de quelques tableaux, en ce moment à La Haye, il serait heureux de présenter ses devoirs à son excellent ami lord Stanhope. » Présumant bien que l'achat des tableaux n'était qu'un prétexte, Stanhope répondit qu'il serait heureux de recevoir M. le chevalier Dubois, le

(1) Les *Sept Sacrements* de Poussin, avaient été achetés en France en 1648.

soir même chez lord Walpole où il logeait. L'abbé Dubois, exact au rendez-vous, parla d'abord de ses heureuses emplettes, de la bonne fortune qui lui avait fait trouver les *Sept Sacrements* de Poussin, que des marchands hollandais avaient acheté en France et transporté à Amsterdam. Avec son goût de bibliophile très-distingué, l'abbé Dubois recherchait les autographes et il venait d'acquérir une correspondance secrète du roi Guillaume II; à la suite d'une causerie générale sur la révolution d'Angleterre, l'abbé Dubois témoigna sa surprise et son chagrin de ce que, depuis trois mois, on laissait sa dernière lettre sans réponse. Lord Stanhope répondit: « qu'il n'avait négligé aucune occasion de faire éclater les sentiments dont il était animé. » La conversation diplomatique s'engageait en bons termes; l'abbé Dubois déclara « que, voyant la conformité de vue qui régnait entre la France et l'Angleterre, il avait toujours cru qu'elle pouvait produire non-seulement la paix, mais même une union sincère entre les deux couronnes, union d'où devait résulter l'équilibre nécessaire au repos de l'Europe: « Je désire vous voir jouer, Milord, un des plus beaux rôles qui aient été le partage d'aucun ministre; quant à moi, je croirai pouvoir m'estimer quelque chose du jour où il me sera permis de prendre part à la conclusion d'une alliance aussi désirable pour le bien de l'humanité (1). »

Ce langage, plein de franchise et de dignité, toucha profondément lord Stanhope, qui ne déguisa aucun des griefs personnels de Georges II contre le Régent; le principal était la conviction profonde où était le Roi d'Angleterre, que le Régent avait prêté la main aux entreprises du Prétendant en Ecosse. Ici la réponse de l'abbé Dubois s'éleva jusqu'à la plus grande hauteur, montrant que, dans la situation délicate où se trouvait le Régent, lorsque les Stuarts avaient encore tant de partisans parmi la noblesse de France, il eût été imprudent de heurter, de blesser le sentiment public; qu'il suffisait aujourd'hui d'engager sa parole que jamais il n'avait été mêlé aux entreprises du chevalier de Saint-Georges en Ecosse; que le roi Georges II ne devait pas être sur ce point plus susceptible que Cromwell, qui avait signé le traité de Wesminster avec le roi Louis XIV, avant même que

---

(1) Extrait des dépêches confidentielles de l'abbé Dubois au Régent. Ces dépêches, d'après l'avis de tous les esprits élevés du corps diplomatique, sont de vrais modèles à étudier. Telle est aussi l'opinion du comte de Garden, dans son *Histoire des Traités de Paix.*

Charles II n'eût quitté la France. Lord Stanhope ayant répondu par un nouveau développement de griefs, et surtout par la déclaration formelle que jamais le roi Georges ne contracterait une alliance avec la France sur les bases du traité d'Utrecht, l'abbé Dubois se leva de son siége et dit avec fermeté : « Puisque le Roi d'Angleterre est si absolu dans sa résolution, il est plus que vraisemblable que Monseigneur le Régent ne le fera plus importuner sur ce sujet et qu'il laissera faire le temps ; je ne dissimule pas, quant à moi, que, si Son Altesse Royale (1) me faisait l'honneur de me demander mon sentiment, je ne pourrais m'empêcher de lui conseiller d'attendre tranquillement que le Roi d'Angleterre connaisse mieux le danger de sa position et les avantages qu'il pourrait tirer d'une étroite union avec la France. Souffrez, Milord, que je vous témoigne tous mes regrets d'avoir prodigué tant de paroles superflues. »

Lord Stanhope, un peu inquiet de ce ton de fermeté et de rupture, répliqua d'une manière polie et empressée, « que cette conversation ne serait pas perdue, et qu'à 9 heures du soir il irait

(1) Quand on lit ces dépêches, il est inconcevable que l'histoire vulgaire ait pu parler de l'abbé Dubois d'une manière si étrange.

prendre congé de l'abbé Dubois. » Tout était prévu par le négociateur français ; lord Stanhope trouva l'abbé absorbé au milieu de piles de livres et de tableaux dont il avait fait l'acquisition et qu'il faisait emballer comme pour annoncer son départ. La conversation politique reprit d'une manière indirecte, et l'abbé Dubois amena lord Stanhope à déclarer : « que rien ne serait plus avantageux à l'Angleterre qu'une alliance étroite avec la France, et qu'avec une sûreté et une fidélité égales elle devrait la préférer à celle de toute autre puissance de l'Europe, puisque c'est la seule nation qu'elle eût à craindre (1). »

Les deux hommes d'État soupèrent ensemble, et au milieu d'une causerie brillante, spirituelle, ils continuèrent à causer France et Angleterre ; l'abbé Dubois s'étant laissé aller jusqu'à parler de l'énormité de la dette anglaise, lord Stanhope lui répondit en riant : « J'aime à penser mon cher abbé, pour l'honneur de vos lumières, que vous n'attachez pas grande importance à être aussi ponctuellement instruit de cet objet qu'un premier commis de l'Échiquier ; je passe

(1) Ces dépêches étaient confidentielles pour le Régent ; elle n'étaient pas communiquées au maréchal d'Uxelles, président du conseil des affaires étrangères, trop porté pour le Prétendant.

aux politiques des cafés de Paris de faire grand bruit de la dette nationale de l'Angleterre ; mais un homme qui, comme vous, commence à être initié aux affaires d'État doit avoir des idées plus nettes à ce sujet. Notre dette, croyez-moi, jamais ne causera plus d'embarras au gouvernement et plus d'inquiétude à la nation. — J'en suis charmé, répondit l'abbé Dubois avec légèreté, mais quelque fond que puisse faire votre souverain sur les subsides de son Parlement, vous me permettrez de le croire moins riche que le nôtre, puisque notre Roi jouit de la portion des revenus de ses sujets qui lui convient, et qu'en un mot il peut se regarder comme le propriétaire de tout le territoire de son royaume. — Vrai Dieu ! l'abbé, dit Stanhope en riant, auriez-vous fait votre cours de droit public en Turquie ?

Le souper se termina en grandes et spirituelles saillies, et le lendemain l'abbé Dubois partait pour Paris, avec toute l'espérance d'un traité. Le Régent dressa lui-même les instructions définitives de l'abbé Dubois presqu'en dehors du conseil des affaires étrangères (1), et

---

(1) Ces instructions résumaient les propositions de la France : 1° garantie de la succession d'Angleterre dans la ligne protestante ; 2° le chevalier de Saint Georges (le Prétendant), ne

le 19 août, quoique très-maladif, l'abbé Dubois était à Hanovre, où se trouvait alors Georges II et lord Stanhope. Il existe encore en original la correspondance de l'abbé Dubois avec le Régent; elle est considérée par les esprits sérieux comme un modèle d'information : «Que pouvez-vous faire, Monseigneur (dit-il dans une de ses dépêches), de plus important pour le Roi que d'assurer la paix dans son royaume et de le lui rendre tranquille et muni de bonnes alliances ? si ce traité vient à bonne fin, il me paraît, par tout ce que j'apprends ici, que le bruit qu'il fera en Europe fera taire celui des bourgeois de Paris, parmi lesquels je compte nos plus merveilleux seigneurs. Je soutiens que la clause qui regarde la garantie réciproque des successions doit être écrite dans le traité public ; que, si l'on cherche à la cacher dans un article secret, ce sera une faute, car il ne peut l'être ni en Hollande, où pour quatre pistoles on voit tout ce qu'on veut, ni en Angleterre, où le Parlement fait porter sur le bureau, quand il le veut, les papiers les plus secrets. » Il y avait ici une connaissance parfaite

---

pouvait plus séjourner à Avignon; 3° aucun rebelle à Georges II ne serait admis en France ; 4° le canal de Mardick ne pourrait recevoir des vaisseaux de guerre ; 5° garantie à la Hollande pour la barrière des Pays-Bas.

des affaires. Aussi l'abbé Dubois arriva-t-il à ses fins.

Le traité tant désiré fut signé : le Régent, au nom du Roi, garantissait la succession de la couronne d'Angleterre dans la ligne protestante (1) ; et, de son côté, l'Angleterre reconnaissait la succession légitime à la couronne de France avec la renonciation de la branche d'Espagne, selon ce qui avait été stipulé par le traité d'Utrecht. Le Prétendant Chevalier Saint-Georges, serait invité par le Régent à quitter Avignon. Le Régent demanda qu'on le laissât maître des formes et des convenances ; le roi Georges II, avec loyauté, consentit à tous les ménagements et l'on choisit l'Italie pour résidence à l'infortuné Stuart. Enfin l'article important sur le canal de Mardyck fut signé le dernier, avec des stipulations précises, afin d'éviter aux whigs une discussion trop orageuse dans le Parlement peu disposé à la paix (2).

(1) Représentée par Georges III.

(2) Le traité définitif fut signé le 17 janvier 1717, par le marquis de Châteauneuf et l'abbé Dubois pour la France, lord Cadogan pour l'Angleterre, et Heinsius pour la Hollande. A la suite de ce traité, l'abbé Dubois reçut une lettre autographe du roi Georges II, ainsi conçue.

« Monsieur, ce serait bien à vous de vous trouver le 12 cou-

Cette négociation avec l'Angleterre, toute personnelle à l'abbé Dubois, fit le plus grand honneur à la sagacité de son esprit, à la tenue de son caractère. Avec la plus juste hauteur de vue, il avait aperçu que, puisque le vœu, la nécessité de la France, après le règne de Louis XIV, était la paix, on ne pouvait l'obtenir longue et durable qu'avec l'alliance anglaise, car jusque-là l'Angleterre avait été le lier et la main de toutes les coalitions. La révolution de 1688 était un fait accompli, dans la marche des affaires, il fallait s'y soumettre ; les whigs étaient maîtres du pouvoir, et pour s'en assurer la possession, ils avaient besoin de faire reconnaître la succcession dans la ligne protestante. Les Stuarts, race noble et mélancolique, subissaient la condition des choses finies ; l'Angleterre, impitoyable à leur égard, s'était engagée dans toutes les violences : un Roi était monté sur l'échafaud ; elle avait confisqué les propriétés, changé l'antique religion ; elle avait fondé une Église nationale, un Parlement souverain,

---

rant à Hellovoat-Sluys, où je dois passer en allant à Londres ; outre l'agrément de vous voir, je me propose de vous entretenir de plusieurs objets. Stanhope vous dira la satisfaction que j'éprouve du consentement unanime des Sept Provinces. Croyez, etc. — GEORGES, roi. »

une Aristocratie qui voulait gouverner. Dans ces conditions nouvelles de la société, les Stuarts n'auraient été qu'un anachronisme, un embarras et un reproche !

XI

**Retour de l'Abbé Dubois à Paris.
La vie du Régent. — Le Czar Pierre.
Alliance russe.**

(1716 — 1717)

A son retour du Hanovre et de la Haye, l'abbé Dubois fut accueilli avec de grandes marques de confiance par le Régent, qui lui réservait la direction des affaires; il était impossible d'avoir conduit une négociation avec plus d'habileté et de loyauté. Il revenait à Paris, porteur du traité de la triple alliance entre la France, l'Angleterre et la Hollande, qui assurait la paix du monde. Le maréchal d'Uxelles, président du comité des affaires étrangères, un des adversaires de l'abbé Dubois, fut obligé de reconnaître que rien, dans l'histoire diplomatique, n'était comparable à ce traité, enlevé sans Congrès, sans presqu'aucun débat, par la simple influence de deux hommes d'État, lord Stanhope et l'abbé Dubois (1).

Le Palais-Royal n'avait pas changé ses habitudes; le Régent gardait ses mêmes amis. En tête de tous, le comte de Nocé, cœur droit, esprit franc, d'un excellent conseil qui avait protégé Dubois contre toutes les intrigues ; le marquis de la Fare, capitaine de ses gardes ; le chevalier de Simiane, charmant poète ; le ravissant marquis de Fargi ; le duc de Brancas; le marquis de Broglie ; le plus spirituel de tous, le marquis de Canillac, et même le tant ingrat et

---

(1) Ce résultat supérieur n'empêchait pas les petits couplets contre l'abbé Dubois.

> Arrivant d'Angleterre,
> L'ambassadeur Dubois,
> En mettant pied à terre,
> Aperçut les trois Rois ;
> Faisons vite un traité,
> Dit-il, avec ces princes,
> Donnons des millions,
>   Don, don,
> S'ils ne suffisent pas,
>   La, la,
> Lâchons quelques provinces.

médisant duc de Saint-Simon. Avec eux, le Régent s'ouvrait franchement sur les affaires, et il leur faisait partager ses plaisirs ; car sa vie se composait de travail et de distractions, comme il est d'habitude chez les grands esprits. A 10 heures debout, il recevait les divers conseils de régence ; il travaillait avec une facilité extraordinaire, un sens droit, une perspicacité intelligente. A deux heures, le Régent se rendait chez le Roi et lui apportait, avec tous ses respects et ses hommages, un court résumé de toutes les affaires ; le Régent parlait à cet enfant royal avec une telle douceur, une telle bienveillance, que le jeune Roi aimait son oncle d'une tendresse extrême et enfantine qui se lisait dans son beau regard et sa parole timide et affectueuse.

A quatre heures, le Régent se renfermait dans son cabinet pour se livrer à son goût des arts, des sciences ; il peignait, gravait, faisait de la musique ou des expériences chimiques, pour lesquelles il avait toujours conservé une vive prédilection. A six heures, réception des ambassadeurs, audience d'honneur ou d'affaires jusqu'à 8 heures ; le Régent se retirait alors dans ses appartements particuliers et le souper était servi ; admirable habitude ! On a tant parlé de ces soupers de la Régence, que j'ai dû en recueillir les souvenirs épars.

Dans un petit salon ovale, entouré de fenêtres également ovales en glace, ornées de soie avec consoles d'or, dessus de portes de Watteau, de Parrochel et de leur jeune élève Boucher, la table se dressait toute incrustée comme les meubles de Boule; il n'y avait ni argent ni or en vaisselle, mais de merveilleux services en porcelaine de Chine (1) et de Japon ou en cristal de Bohême, avec des candélabres à mille bougies, dont la douce clarté se répandait jusqu'à travers les tentures et les portières de damas mêlées de dentelles; chaque convive s'asseyait avec une sorte d'égalité sur de petits fauteuils à dossiers ovales, avec des miniatures incrustées. La tenue était simple et néanmoins élégante; les femmes portaient des justaucorps à la taille serrée, un commencement de petit panier, et un manteau élégant étroit et léger par-dessus, comme on le voit encore dans les peintures de Watteau. La coiffure, un peu élevée, allait à merveille à la figure de marquise qu'on ne retrouve plus; les

(1) Le Sèvres ne devint en vogue que sous madame de Pompadour, la véritable fondatrice de la manufacture.

richesses survivent, mais les types disparaissent et les traits des parvenues se montrent même à travers le blanc et le rouge. Les hommes portaient les habits de soie à larges basques, le gilet long brodé qui servait comme de veste, la culotte courte, les jarretières, le bas de soie, les souliers à boucles de diamants, et le haut talon rouge (1).

Les convives de ces soupers, que le château de Sceaux appelait les Roués du Régent, étaient des gentilhommes d'excellente compagnie, spirituels, gais, oublieux d'affaires quand l'heure était passée, tous dévoués de cœur et d'épée au Régent ; les dames habituées étaient la marquise de Mouchy (Noailles), la marquise de Sabran, de Lafarre, la duchesse de Gesvre, et quelquefois la duchesse de Berry, la fille même du duc d'Orléans ; avec cette haute noblesse, des gens de lettres spirituels, quelques femmes de théâtre, des artistes. Le Régent aimait ces conversations vives, les nouvelles de la ville, les médisances gracieuses, même les contes de bonnes fées avec leur char d'or traîné par des papillons en rubis et diamants. A ces soupers, le Régent avait admis cette petite poupée

(1) Collect. des costumes (*Biblioth. Imp.*).

qui déjà faisait un peu de bruit de ses galanteries, alors à dix-neuf ans, Fronsac, depuis duc de Richelieu ; le grand nom du cardinal couvrait cet espiègle insupportable, ce hableur de bonnes fortunes (1), au reste brave et spirituel.

Le menu était toujours reglé par le Régent lui-même ; le chypre et le vin d'Espagne ou le Tokaï, pour les fatigués ; le champagne frappé de glace pour les joyeux compagnons ; quelque capilotade de faisans, un hâchis de cailles, des truites saumonées au coulis d'écrevisses, des filets de perdrix rouges sautés à une sorte de tubercule que l'abbé Dubois avait transporté du Périgord, son pays, et que l'on nommait traffe ou truffe : cette innovation avait eu un succès fou : on en farcissait les poulardes et faisans ; on les mangeait seules cuites au vin de Madère, en même temps que des bouchées de crevettes ou des boudins de chevreuil, auxquels Richelieu, depuis, donna son nom ; on ne se servait de grosses viandes que pour les coulis, ou quand les gentilhommes étaient en campagne. Le jeune président Hénault venait de donner l'idée de désosser la grive pour la faire servir de satellites

---

(1) On traitait le jeune duc avec une grande bienveillance, comme un enfant : on faisait croire à de bonnes fortunes ce qui n'était qu'une protection accordée.

autour d'un jambon de Mayence, cuit au vin du Rhin (1).

Dans les pamphlets, ces soupers fins et délicats furent transformés en orgie, comme si les habitudes élégantes d'une haute compagnie pouvaient jamais s'y ployer! L'orgie n'est pas française : la grossière ivresse fut un emprunt fait à l'étranger ; des mots spirituels, des saillies brillantes, les contes de la cour et de la ville, le récit de quelques aventures galantes, tels étaient le passe-temps de ces soupers, où quelquefois furent arrêtés les délibérations les plus vigoureuses. Les soupers aux mille bougies prêtaient souvent du courage aux âmes les plus timides; l'esprit surtout y était roi, après des journées de souci et d'affaires. Il faut donc rejeter dans les fables, ces scènes ignobles racontées dans de prétendus mémoires (2), ces

---

(1) Je me suis procuré un de ces menus du Régent. La table fut un peu gâtée par Richelieu, qui aimait l'ail; on se rappelle les jolis vers que Voltaire adressait à la duchesse de Luxembourg : (Voyez mon *maréchal de Richelieu*).

Un dindon tout à l'ail, un seigneur tout à l'ambre,
   A souper vous sont destinés ;
On doit, quand Richelieu paraît dans une chambre,
Bien défendre son cœur et bien boucher son nez.

(2) Il se fit une triste spéculation, il y a quelques années : des

coups de pied, ces coups de poing donnés par le Régent à l'abbé Dubois.

Le jeune Arouet, sorti de la Bastille, vint plus d'une fois s'asseoir à ces charmants banquets, et il n'est sorte d'éloges qu'il n'adressât au Régent.

> Prince chéri des dieux, toi qui sers aujourd'hui
> De père à ton monarque, à son peuple d'appui,
> Toi, qui de tout l'État portant le poids immense,
> Immole ton repos à celui de la France ;
> Philippe, ne crois plus dans ces jours ténébreux
> Plaire à tous les Français que tu veux rendre heureux.
> . . . .
> Il est, chez les Français, de ces sombres esprits,
> Censeurs extravagants d'un sage ministère ;
> Incapables de tout, à qui rien ne peut plaire ;
> Dans leurs caprices vains, tristement affermis,
> Toujours des nouveaux maîtres ils sont les ennemis,
> Et n'ayant d'autre emploi que celui de médire,
> L'objet le plus auguste irrite leur satire ;
> Ils voudraient de cet astre éteindre la clarté
> Et se venger sur lui de leur obscurité (1).

Voltaire pressentait ici les calomnies des pamphlets qui attaqueraient la régence. Il offrait même ses services dans les affaires diplomatiques où un autre poëte alors jouait un cer-

---

hommes d'esprit et de talent publièrent de prétendus *Mémoires* sur l'abbé Dubois, le maréchal de Richelieu, véritables romans.

(1) Épître au Régent, 1719.

tain rôle, je veux parler de Philippe Héricault Destouches, d'une bonne famille de Tours et fort aimé du Régent. Cédant d'abord à une vocation irrésistible, Destouches s'était engagé dans une troupe de comédiens qui parcourait la Suisse ; l'ambassadeur de France, M. de Puysieux, l'avait pris en amitié ; l'esprit se ploie à tout, et Destouches se familiarisait avec les négociations, tandis qu'il donnait au théâtre *Le Curieux impertinent, l'Ingrat, l'Irrésolu.* Ce fut à un souper du Régent qu'il composa le *Médisant*, pièce de circonstance, qui répondait à cette opposition qui, de tous côtés, se levait contre la régence. Cette année Destouches reçut une mission pour l'Angleterre, à l'instigation de l'abbé Dubois, et cette marque de confiance excitait mille émulations dans ces réunions charmantes de poëtes et de gentilshommes (1).

Au milieu de cette cour aimable et sérieuse à la fois, survint un visiteur de grande puissance politique, le Czar Pierre Ier. Durant les négociations de l'abbé Dubois à la Haye, le Czar parcourait les chantiers de la Hollande pour s'instruire lui-même dans la construction des na-

---

(1) Ce fut en 1717 que Destouches reçut sa première mission avec l'abbé Dubois ; il épousa une Anglaise catholique.

vires; il avait été vivement frappé de la marche rapide et heureuse des négociations pour le traité de la triple alliance, et plus d'une fois il avait rendu témoignage à la supériorité intelligente de l'abbé Dubois. Sur les instructions du négociateur, le Régent avait envoyé secrètement, auprès du Czar, le marquis de Châteauneuf, ambassadeur à la Haye, avec mission de préparer un traité de commerce et d'alliance. Quoique la Russie ne fût point encore cette colossale puissance qui embrasse l'orient et l'occident, le conseil des affaires étrangères avait compris qu'au point de vue commercial et politique, c'était une belle alliance que celle de la Russie, pour contenir surtout l'empire d'Allemagne; le marquis de Châteauneuf reçut mission ensuite d'inviter le Czar à visiter la France et Paris spécialement, où le Régent serait heureux de lui offrir une royale hospitalité.

A la suite de cette franche communication, Pierre Ier prit la route de France si vivement que l'escorte d'honneur qu'on lui avait envoyée ne put le rejoindre et qu'il arriva presque à l'impromptu à Paris : le Régent, avec cette haute politesse qui caractérisait ses actions (1),

(1) Le Czar Pierre était accompagné du prince Kourakin,

lui donna le Louvre pour demeure et vint le visiter ; Pierre Ier trouva cette hospitalité trop somptueuse et il accepta l'hôtel Lesdiguières au Marais, simple habitation du temps de Henri IV (1) ; le Régent y conduisit le jeune Roi Louis XV, que le Czar vint recevoir jusqu'à sa voiture ; quand il vit ce joli enfant, à l'œil si beau, au regard tendre et spirituel, il le prit dans ses bras, l'enleva jusqu'à sa bouche et l'embrassa avec effusion, si bien que la multitude, en voyant cette charmante figure au bras de ce colosse, le comparait à l'enfant Jésus au bras de saint Christophe, le géant du moyen âge qu'on voyait alors à Notre-Dame (2).

Les fondements d'une loyale alliance furent jetés entre la France et la Russie dans les conférences personnelles du Régent et du Czar qui parla de l'abbé Dubois dans des termes d'enthousiasme, à la suite des négociations de la Haye et de Hanovre. Le Czar, à travers ses excursions scientifiques, était fort difficile à dis-

---

Dolgorouski, du baron Schaffirolt et de l'ambassadeur comte de Tolstoy.

(1) L'hôtel Lesdiguières appartenait alors aux Villeroy.

(2) Le Czar dit au jeune roi : « Sire, vous commencez votre règne et j'achève le mien ; j'espère que vous accorderez votre amitié à mon successeur. » Un tableau de la galerie de Versailles reproduit le portrait du Czar à son arrivée à Paris.

traire et le Régent en chargea la duchesse de Berry, sa fille; tandis que Pierre Ier bâillait et s'endormait à l'Opéra, il prit un plaisir extrême aux fêtes pleines de charme et d'entrain du Luxembourg et de la Muette : chasse, concert, souper, revue des gardes, des mousquetaires, chevau-légers : les pamphlets ramassèrent encore mille ordures, là où il y avait élégance, esprit et affaire. On s'explique que les écrivains anglais et hollandais, très-blessés de ce que Pierre Ier avait préféré l'alliance française à toutes les autres, se soient empressés de dénoncer le séjour du Czar comme une époque de bacchanales et de priapées. Les réfugiés français aigris, mécontents, servirent d'instrument à cette jalousie inspirée par la France (1).

C'est à une de ces fêtes que fut présentée la belle Circassienne Aïssé, jeune esclave que M. de Ferriol, ambassadeur à Constantinople, avait achetée et amenée en France (2); son ori-

---

(1) Un pamphlet fort rare, les *Nuits du Luxembourg*, parle des orgies où le Czar et le Régent en vinrent aux injures, aux coups de poing, et ce qu'il y a de plus méprisable et de plus risible, c'est que le Régent, y est-il dit, menaça Pierre Ier de le jeter à la Bastille. Comme c'est vraisemblable et spirituel !

(2) Mademoiselle Aïssé avait 4 ans lorsqu'elle fut achetée 1500 livres ; on a publié les lettres de mademoiselle Aïssé, qu

gine on l'ignorait : les légendes la faisaient de maison royale, réduite à l'esclavage par les Turcs. Aïssé, pleine de sentiment et d'esprit, plut singulièrement à cette société par ses manières nouvelles presque orientales ; vêtue de ses habits de Circassienne, elle fumait dans de longues pipes, du tabac parfumé de rose; on voulut prendre cette habitude dans les salons du Régent; elle ne put réussir à une époque où la causerie pétillante était encore un art et l'esprit une puissance ; la pipe orientale supposait une réunion silencieuse, réfléchie, qui jette une parole à longs intervalles comme une bouffée de tabac; elle ne pouvait convenir à la société active, élégante de la Régence. L'habitude du tabac à priser était le contraire ; le tabac d'Espagne à la couleur d'or parfumée, aspiré dans une causerie, lui donnait plus d'activité, plus d'entrain; le jeu de la tabatière scintillante d'or et de pierreries aidait à l'esprit.

La mode inventait tout ce qui pouvait orner, embellir, et l'on commença sous la régence à se servir de la poudre dans les cheveux : les

---

devint la maîtresse en titre du chevalier d'Aidy; elle eut un peu la vie d'une courtisane, mais comme elle avait vécu dans la société philosophique de mesdames du Deffant, de Tencin, on a cherché à la présenter comme un modèle dans l'art d'aimer.

longues perruques si froides et chevelues sous Louis XIV avaient disparu à la cour du Régent ; la génération nouvelle portait ses cheveux ou des petites perruques noires ou blondes ; le rouge et les mouches dont on faisait usage donnaient aux traits un caractère trop prononcé ; les gentilshommes et les femmes, pour les adoucir, adoptèrent la poudre qui, à la fois, donnait de l'éclat et rendait les traits plus doux. Rouge, mouches, poudre, or, paillettes, rubis, brillants, tout cela s'harmoniait merveilleusement, au milieu des trumeaux, des meubles, des tentures. On était en pleine féerie, il fallait compléter l'illusion. C'était factice, dit-on, mais qu'y a-t-il d'aimable et de séducteur qui ne soit un peu factice ? L'art n'est qu'un moyen de déguiser la nature et la réalité est bien triste, car la plus grande c'est la mort.

XII

**Première période du système de Law.
La Banque.
Les Compagnies financières.**

(1716 — 1719)

La véritable avanie opérée par le conseil de finance contre ceux qu'il avait populairement désignés sous le nom de maltôtiers était plutôt un expédient qu'un système : elle ne pouvait produire des ressources régulières et stables pour les besoins du service ; si ces taxes avaient enrichi les commissaires complaisants et fumé les terres de quelques parlementaires avares, elles n'avaient abouti à aucun résultat sérieux et encore moins à couvrir le déficit de la dette du règne de Louis XIV qui s'élevait à plus de 2,700,000,000 (1). Cette dette se composait de plusieurs natures de titres : emprunts à l'étranger, rentes sur l'Hôtel de ville, avances sur la ferme, billets de caisse, rescriptions. En présence d'une situation si difficile et presque aventureuse, le conseil des finances, sous la présidence du duc de Noailles, procéda à une double opération : 1° La transformation de tous ces titres en une seule nature de dettes portant intérêt à 5 %. 2° Le visa de ces mêmes titres pour en constater la légitimité et la valeur ; il résulta de cette double opération une réduction d'environ un tiers dans la dette. Elle restait encore à 1,800,000,000 portant un intérêt de 90,000,000 ; il ne s'agissait plus que de trouver un moyen régulier d'accomplir tous les services (2).

A cette époque arrivait pour la troisième fois à Paris un écossais, Jean Law, fils d'un orfèvre de la corporation d'Édimbourg : avant l'établissement régulier de la banque d'Angle-

(1) On peut lire avec un très-grand fruit sur la la dette de Louis XIV, l'ouvrage de Forbonais, T. II et dernier, in-4°, en faisant la part de l'esprit de système qui gâte les travaux de Forbonais.

(2) Voyez mon travail sur les *Financiers*.

terre, les orfèvres (*goldsmiths*), essayeurs d'or, étaient les seuls banquiers anglais, depuis l'expulsion des Juifs; le père de Law avait acquis une grande fortune et possédait déjà la terre baronage de Lauriston. Jean Law ne se contenta pas de l'opulente fortune de son père; il prit dans sa profession des notions suffisantes pour connaître la valeur des métaux, leur affinage, leur plus-value sur la monnaie; puis se jetant dans le tourbillon des hasards, il tailla le pharaon, le lansquenet avec une fortune heureuse, et une méthode si sûre, si ferme, qu'il se procura d'abondantes richesses. A la suite d'un duel avec un M. Wilson qu'il tua, Jean Law se rendit à Paris où il fréquenta les maisons de jeu avec le même bonheur sûr et ferme, si bien que le lieutenant de police d'Argenson s'était vu contraint de l'expulser. Jean Law parcourut l'Italie, toutes les villes de jeu: Florence, Venise, Gênes; il y gagna toujours avec une constance de fortune qui fut souvent mal jugée. Revenu à Paris, au milieu des besoins immenses de la fin du règne de Louis XIV, il proposa des moyens de crédit qui parurent impraticables.

Jean Law était demeuré dans les premiers temps de la Régence, où le conseil s'occupait de la révision de la dette : il présenta un projet d'extinction absolue de la dette par la substitution d'un papier-monnaie : l'idée était trop vaste, trop hasardeuse pour être d'abord acceptée même par le Régent qui aimait les esprits aventureux. Le conseil se borna à l'idée la plus simple de la théorie de Law, la création d'une banque (1) avec un capital limité, formée par actions et qui permettrait à l'État de se passer du concours des banquiers ordinaires et des emprunts à l'étranger; on accoutumait le public à un papier-monnaie courant et en circulation qui pourrait servir à toutes les opérations financières. La banque de Law, à son origine, ne fut destinée qu'aux dépôts et à l'escompte. L'extrême confiance qu'inspiraient ses billets devait nécessairement l'entraîner à d'autres opérations et au développement de son capital; elle fut immédiatement affectée à la refonte des monnaies de 1716 (2). Law était un habile affineur d'or et d'argent; la banque tira un double profit de cette opération : le titre des monnaies fut diminué et comme la banque donnait en échange des billets à 30 jours, elle bénéficiait

(1) Mars 1717.
(2) Le louis d'or qui était de 20 fr. fut porté à 24, la pistole à 12, l'écu de 5 livres à 6.

sur les intérêts. La première année elle put donner 85 0/0 de dividende, ce qui éleva les actions jusqu'à 6,000 livres (1).

La seconde idée de Law fut de faire de la banque le centre de toutes les ressources de l'État et même de la perception de l'impôt; après avoir obtenu le titre de *Banque royale* pour son institution, il constata l'inutilité des fermes qui enrichissaient la Compagnie sans profit pour l'État; la Banque les prit à son compte, ainsi que toutes les régies dont elle régularisa la perception : les fermiers généraux supprimés furent remboursés en billets de la banque, et leur concours ainsi que celui des banquiers fut considéré comme inutile au service de l'État ; la banque paya les billets du Trésor avec une grande régularité, de sorte que Law promettait d'éteindre l'arriéré par l'immense confiance qu'inspirait la circulation de ses billets qu'il pouvait multiplier à son gré.

Comme il fallait des gages toujours nouveaux à une émission de billets toujours agrandie, Law se fit substituer à quelques priviléges des grandes Compagnies de l'Inde et de l'Occident;

---

(1) La création des actions était de 500 livres; il n'y en avait originairement que 12,000.

ainsi la banque qui avait déjà le privilége du papier-monnaie, de la perception de l'impôt eut dans ses mains presque le monopole du commerce et avec ce privilége, la concession des terres de la Louisiane et du Mississipi (1). Dans ce vaste mouvement d'affaires, la banque de Law fut secondée par les théoriciens et les écrivains. On ne peut dire tout ce qui fut écrit d'exagération et d'enthousiasme ; on traita l'or et l'argent de matière inutile ; à peine les admettait-on pour des appoints ; le papier seul était le véritable gage de la confiance générale. Comme il fallait chauffer les esprits, ce qui est très-souvent aisé en France, on fit des descriptions admirables du Canada et des terres de la Compagnie (2); on vendit des terrains pour des prix considérables à des esprits faciles qui espéraient en la colonisation : chaque marchand d'estampes eut des gravures et des peintures à sa porte, représentant de belles forêts remplies de sauvages qui apportaient de l'or à pleine main (3).

(1) Les terres du Mississipi furent rachetées au financier Crozat pour le prix de 5,000,000 elles furent mises en action par la banque de Law pour 500,000,000.

(2) L'écrivain favori de Law fut Fontenelle, qui fit des brochures et même des parades.

(3) Collection de gravures. (*Biblioth. Imp.*).

On fit circuler dans les rues de Paris des couplets qui exaltaient les admirables avantages des terres nouvellement découvertes ; on en acheta de toutes mains, et à mesure de ces aliénations la banque émettait de nouvelles actions, de nouveaux billets. Law voulut profiter de cette confiance pour accomplir une opération d'une haute portée, l'extinction successive de la dette immense qu'avait laissée Louis XIV. Le Régent souriait à cette vaste et belle opération à laquelle les créanciers de l'État étaient volontairement appelés : ils pouvaient échanger leur titre contre les actions de la banque ou contre des billets au porteur. La confiance fut si grande, que plusieurs de ces créanciers apportèrent des appoints en argent pour recevoir en échange des billets de caisse.

L'époque la plus brillante du système fut de 1717 à 1718 ; alors les actions de 500 fr. étaient montées à 14,000 fr. et c'était à qui pourrait en avoir (1), les gros agioteurs et banquiers avaient leur hôtel depuis la place Ven-

---

(1) Aussi disait-on :

> Qui l'aurait cru, miracle étrange,
> Aujourd'hui, par la main de Law
> Comme dans la main de Midas,
> Dans nos mains tout en or se change.

dôme, la rue des Petits-Champs, jusqu'à la rue Saint-Martin, et naturellement la foule se porta de l'hôtel Law par la place des Victoires, la rue Montmartre jusqu'à la rue Quincampoix à la rue de Venise; c'était là que se faisaient les grosses affaires. La Bibliothèque impériale conserve quelques estampes contemporaines qui reproduisent cette foule immense qui encombrait la rue Quincampoix : plus de rang, plus de dignité, chacun courait au veau d'or, à la fortune. On se heurtait : nobles, manants, les Condé, les Conti, mêlés avec leurs intendants, agiotaient. Ces deux princes s'étaient jetés à corps perdu dans le système ; ils le protégeaient avec une énergie égale aux bénéfices qu'ils avaient réalisés. On évaluait à plus de 20 millions la part seule du prince de Condé, et c'était avec ces millions en louis d'or qu'il embellissait Chantilly et réparait son palais aux abords du Luxembourg (1).

> Que chacun prenne garde à soi,
> Après avoir chanté merveille,
> Il pourrait bien, comme à ce roi,
> Nous venir de grandes oreilles.

(1)
> Prince, dites-nous vos exploits
> Que faites-vous pour votre gloire ?
> Taisez-vous, sot, lisez l'histoire
> De la rue Quincampoix.

L'esprit français qui se mêle à tout et exagère tout, personnifia bientôt ces opérations, et toutes ces fortunes en la figure de M. Quincampoix. Voici quel était le véritable portrait du tant fameux seigneur messire Quincampoix :

> Certain Diogène moderne,
> Cherchant dans tout le genre humain
> Quelqu'un que la raison gouverne,
> Vint à Paris un beau matin,
> Il portait en main sa lanterne.
> Quel spectacle s'offre à ses yeux !
> Quincampoix, un fourbe odieux :
> Je trouve, dit-il, en ces lieux
> Des fous de plus d'une manière.
> Il aperçut une chaudière
> Bouillante sur un foyer :
> Un diable y broyait du papier,
> Billets d'État et de monnaie,
> Primes du West, primes du Sud,
> Papier plus faux que le Thalmud.
> Dans sa chaudière, à pleine main,
> Un fou jetait, sur l'espérance
> D'une ambitieuse opulence,
> Son or et l'argent du prochain.
> Quand la matière était fondue,
> Qu'en sortait-il ? Papiers nouveaux,
> Billets de Banque des plus beaux.

On ne peut dire à cette époque quelle fut l'immense popularité de Law ; il vivait entouré de toutes les flatteries, caressé par tous les honneurs ; il n'était grand seigneur qui ne cherchât sa compagnie, même celle de son valet de chambre. Il y avait quelque chose de si étrange dans sa fortune ! Des hommes de condition la plus vile s'étaient élevés tout à coup à la richesse ; l'avidité du gain avait égalisé toutes les existences ; la dépense s'était décuplée par le luxe ; les riches hôtels s'élevaient partout avec des ameublements d'une richesse exquise Les protégés de Law brillaient ; et comme il aimait les succès de galanterie, bien des femmes s'enrichirent sous la protection de Law, et parmi elles la plus favorisée fut Mme de Tencin (1), cette courtisane demi-philosophe à la solde de Law et de l'abbé Dubois, dont le salon devint si à la mode, où se réunissaient Voltaire, Montesquieu (2), le président Hénault (3), et plus tard tous les coryphées du parti encyclopédique. Voltaire, fort spéculateur de son état bien que jeune encore, avait, avec ses amis, fort cultivé le système et réalisé

(1) Claudine-Alexandrine Guérin de Tencin, la mère supposée de d'Alembert.

(2) Le président de Montesquieu fit de grandes pertes dans le système. Aussi lui garda-t-il rancune.

(3) Le président Hénault était un excellent financier et un charmant esprit.

des bénéfices (1) qu'il allait faire valoir dans les fournitures.

A cette période, le système de Law avait produit d'heureux résultats, et le plus considérable de tous, c'était d'avoir éteint la presque totalité des billets d'État, c'est-à-dire la dette de Louis XIV. Volontairement la plupart des créanciers avaient échangé leurs billets du Trésor contre les valeurs et les actions de la banque, jusques-là dans de bonnes conditions. Désormais tout l'intérêt du Régent devait être de soutenir le crédit de la banque, d'environner son papier de toutes les garanties. C'est dans cette vue qu'il lui avait assuré la perception de tous les revenus, la gestion des fermes, l'affinage des monnaies, le privilége des Compagnies des Indes, de l'Orient et du Sénégal, la colonisation de la Louisiane ; l'État espérait qu'en offrant tous ces gages, toutes ces valeurs diverses au crédit, à la spéculation, on pourrait conserver la valeur des billets de la banque et les substituer tout à fait à l'or et à l'argent qui n'étaient plus qu'un accessoire dans les transactions publiques et privés.

(1) Voltaire perdit beaucoup dans la liquidation des frères Pâris.

XIII

**Opposition contre la Régence.
Le Parlement et les Jansénistes.
La Duchesse du Maine,
l'Espagne, le Cardinal Albéroni.**

(1718—1719.)

Le duc d'Orléans s'était appuyé, on l'a vu, pour constituer sa régence sur deux éléments essentiels : la popularité du jansénisme et le concours du Parlement. Mais dans la politique générale des États, une observation est à faire, c'est que les forces sur lesquelles on s'était appuyé à l'origine d'un pouvoir, deviennent ensuite exigeantes, impératives, de sorte qu'il est souvent essentiel de tourner ses volontés, ses armes contre elles. Ainsi avait été le jansénisme ; d'abord plein de reconnaissance et de dévouement pour ce que le Régent avait fait pour lui, il l'avait servi, puis il avait recommencé ses intrigues et imposé de dures conditions. C'étaient certainement de très-honnêtes caractères que les jansénistes, mais tracassiers, dominateurs, et à peine libres, ils avaient recommencé leur guerre contre la bulle *Unigenitus* et l'autorité du Pape (1) ; un petit nombre d'évêques, sous l'impulsion de l'évêque de Senez, avaient appelé de cette bulle à la convocation d'un prochain concile, acte considéré à Rome comme un schisme et qui compromettait toute la diplomatie du Régent à l'égard du Saint-Siége. Le prince, très-étranger aux débats religieux et qui surtout aspirait au calme, au repos dans les questions religieuses, était très-irrité de la conduite du parti janséniste (2).

La même situation s'était produite à l'égard du Parlement ; il était incontestable que le Régent avait grandi ses droits et augmenté

---

(1) Ce furent les évêques de Senez, de Montpellier et de Boulogne qui firent cet appel de la bulle *Unigenitus* devant la Sorbonne qui adhéra complétement, 1er et 2 mars 1717.

(2) La réponse du Régent fut celle-ci : « Je punirai les actes d'appel au futur concile sans nécessité ! »

ses prétentions en lui reconnaissant la prérogative supérieure de casser le testament de Louis XIV ; dans ses discours le Régent avait annoncé qu'il agirait désormais, avec le concours du Parlement, dans les questions gouvernementales, et qu'il écouterait ses remontrances. En partant de cette donnée, le Parlement avait pris parti hautement pour le jansénisme, et embarrassé la marche de la régence. De plus, le système financier de Law avait soulevé une opposition très-vive parmi les magistrats qui n'avaient ni la hardiesse, ni la volonté nécessaire pour suivre les expériences d'un système financier un peu livré au hasard ; les nouveautés n'étaient pas volontiers acceptées par les magistrats de la Cour souveraine, lorsque surtout elles ne se liaient pas à ses intérêts.

Pour complaire au Parlement et au jansénisme, le Régent avait fait choix du procureur général d'Aguesseau (1) pour chancelier ; c'était bien le caractère le plus faible, l'esprit le plus maladroit, et à travers ses phrases d'une éloquence prétentieuse il laissait flotter le pouvoir à tous les vents ; il voulait tout concilier, tout

(1) D'Aguesseau était issu d'une famille marchande d'Amiens ; élevé par Lemaître, de Port-Royal, il était au fond janséniste et ami du cardinal de Noailles.

rapprocher, la popularité et l'ambition, et aucune résolution énergique ne pouvait être prise sous son autorité. L'opposition pouvait se fortifier tout à son aise, elle avait pénétré jusque dans le palais de Versailles : *le petit Carême* de Massillon, prêché devant le Roi, n'était qu'un cours de politique à l'usage des parlementaires et des jansénistes ; à travers ses phrases cadencées et ses périodes retentissantes, Massillon faisait la plus vive opposition à la forme absolue du pouvoir et proclamait la puissance et les garanties de la constitution parlementaire ; quoique fort lié avec l'abbé Dubois, Massillon gardait ses idées oratoriennes avec d'autant plus de fermeté que, sous le cardinal de Noailles, il espérait une large voie ouverte aux ambitions les plus illimitées.

Mais la plus considérable des oppositions s'était réfugiée au château de Sceaux, chez la duchesse du Maine. Après le premier étonnement et les accès aigris qu'avait produits le coup d'État, la Duchesse s'était repliée dans son propre esprit, et sans rancune contre le Parlement, elle avait gagné à sa cause une grande partie de ses membres ; profitant aussi des mécontentements du jansénisme, elle s'était mise en rapport avec ses chefs, les évêques, les membres de la Sorbonne et tous les Oratoriens ; sa pensée unique, c'était d'arracher le pouvoir au Régent pour le confier au duc du Maine et à ses amis ; autour d'elle, la Duchesse voulait grouper tout l'ancien parti de la monarchie de Louis XIV, depuis le grave maréchal d'Uxelles jusqu'au petit duc de Richelieu entrant dans le monde avec des prétentions et des ambitions excessives. Richelieu était ou se disait l'amant heureux de toutes les femmes ; la charmante mademoiselle de Charolais, une des plus assidues chez la duchesse du Maine, sa tante, exerçait sur lui toute sa puissance, et le jeune duc voulait montrer son dévouement (1).

(1) C'était du château de Sceaux que sortaient tous les pamphlets les plus hardis contre le gouvernement de la régence. On attribuait à l'abbé Brigaut, le commensal de la duchesse du Maine, un mordant Pasquil :

    L'argent s'anéantit,
   Le banquier manque de crédit,
    Le courtisan languit,
   Le soldat repoussé périt,
    La noblesse s'avilit,
    Tout le monde pâtit,
     Le Régent rit,
    Le bourreau s'enrichit,
    La vertu se séduit,
     L'homme s'enfuit;
   Le sage en vain rougit,
   Tout se perd petit à petit.

Sceaux était toujours l'abri des savants et des poètes. Malezieu, secrétaire des commandements de la duchesse du Maine, était le centre où venaient graviter les littérateurs de toute espèce. Malezieu, déjà avancé dans la vie, était un savant de premier ordre; précepteur du duc du Maine, passionné pour l'hélénisme de Sophocle et d'Eschile, et avec cette érudition, un esprit charmant qui présidait aux fêtes, aux divertissements de Sceaux et faisait des vers à merveille pour célébrer les amours champêtres, les bouquets de rose et de jasmin tant aimés de la duchesse du Maine. Malezieu était donc un centre tout trouvé pour réunir les poètes, les gens de lettres, les savants, qui tous travaillaient à Sceaux, qu'on appelait habituellement les *galères du bel esprit*. Le jeune Arouet, qui venait de prendre le nom de Voltaire, était un des hôtes les plus assidus, et selon son usage, quoiqu'il eût fait toute espèce de soumission au Régent, il le déchirait à Sceaux de toute la verve de son esprit ; on disait même que l'OEdipe qu'il lisait partout n'était faite qu'à l'intention du Régent et que le vers fameux

Inceste, parricide et pourtant vertueux

n'était qu'une sanglante ironie que tous interprétaient dans le sens de la vie licencieuse du Palais-Royal.

A cette même époque, Lagrange-Chancel publia sa seconde Philippique, abominable comme la précédente dans ses accusations contre le Régent. S'adressant au peuple, Lagrange-Chancel disait :

> Tremble Paris, tu vas apprendre
> Quel maître tu t'es donné ;
> De la vengeance qu'il va prendre,
> Tu seras longtemps étonné.
> Réduite à souffrir sans se plaindre,
> Rome n'eut jamais tant à craindre
> Des fureurs de Caligula ;
> Jamais tant de têtes proscrites
> Ne lassèrent les satellites
> De Marius et de Sylla (1).
>
> . . . .
>
> Monstres d'Argos et de Micène,
> Ne vantez plus vos attentats ;
> Celui qui règne sur la Seine
> Passe tous ceux de l'Eurotas.
> Toi qui, de ta famille entière
> As fait un vaste cimetière.
>
> . . . .
>
> L'Espagne forme une tempête
> Vengeresse du sang des Rois ;
> Objet de notre idolâtrie,
> Cher prince (2), venge ta patrie,

(1) Lagrange-Chancel abusait de l'érudition historique de la société de Sceaux : quels rapports pouvait-il y avoir entre le Régent railleur ou nonchalant esprit et Marius et Sylla ?

(2) Philippe V, roi d'Espagne (le duc d'Anjou).

Songe qu'elle fut ton soutien,
Et que, dans son besoin extrême,
Tu dois rendre à son diadème
Tout ce qu'elle a fait pour le tien.

Cette invocation à l'Espagne, au roi Philippe V, tenait à un projet de vaste conjuration dont le gouvernement de la régence découvrait un premier symptôme. Jamais le roi Philippe V n'avait sincèrement renoncé à la couronne de France ; duc d'Anjou comme roi d'Espagne, il avait toujours conservé un esprit de retour vers la France adorée (1). Ennuyé des étiquettes espagnoles, sous le froid cérémonial de San Lorenzo, il souffrait comme en exil quand il se rappelait Versailles, Marly, le bois de Meudon, cette cour polie et facile, cette vie de gentilhomme qui avait enivré sa jeunesse. En vain il faisait bâtir et planter Aranjuez sur le modèle de Versailles et de Trianon, avec ses peupliers et ses allées droites, ses jardins et ses eaux un peu factices ; la France était toujours la souveraine chérie de ses pensées (2). Après le gouvernement faible et intrigant de la princesse des Ursins,

(1) Le roi d'Espagne avait plusieurs fois signé son abdication.

(2) J'ai passé des journées à Aranjuez, sorte d'oasis au milieu de la campagne presque déserte qui environne Madrid, mais triste solitude.

le roi s'était confié à une haute tête politique, le cardinal Albéroni. Jules Albéroni, de très-petite naissance, fils d'un jardinier, s'était élevé à la pourpre romaine dans cette démocratie immense et élective qu'on appelle l'Église. Dès qu'il fut au pouvoir, l'Espagne tout entière se ressentit d'une grande impulsion, comme la France sous les cardinaux Richelieu et Mazarin; ennemi de la maison d'Autriche, Albéroni voulut rendre à l'Espagne la Sicile, la Toscane, et la domination de l'Italie. Profondément hostile à la maison de Hanovre, il voulait restaurer les Stuarts ; et, il espérait comme complément à ce système, rendre à Philippe V l'éventualité de ses droits sur la couronne de France et, en attendant, lui assurer la régence. C'était dans ce but que la conjuration s'organisait chez la duchesse du Maine, avec tous les éléments du vieux parti de Louis XIV encore fort nombreux : l'antique société ne s'abdique pas ainsi facilement. On comptait sur les mécontentements considérables qu'avait suscités la régence : on avait des appuis naturels dans le Parlement (1), parmi les plus ardents des jansénites : une partie des gentilshommes en Bretagne, dans l'Anjou, en Provence devait

(1) Le Régent venait de faire arrêter le président de Blamont et deux conseillers.

prendre en main la cause de Philippe V ; à Paris bien de jeunes et vieux courtisans se déclarèrent pour les souvenirs de Louis XIV. On exagérait à dessein les bruits qui circulaient, à savoir que Louis XV enfant n'était pas en sûreté dans les mains du Régent : « l'empoisonneur de toute la famille royale, disait-on, pouvait bien s'assurer la couronne par un crime de plus. » Chaque fois que le jeune Roi était souffrant, malade, aussitôt on parlait du poison et des ravages que faisait l'art infernal du prince à qui il était confié. Le plan des conjurés était d'abord d'enlever le Régent pour le soumettre à un jugement public (1) : plusieurs jeunes officiers s'étaient proposés à cette fin, et le duc de Richelieu, cette poupée si caressée par la cour, s'était offert avec son régiment pour seconder ce projet.

Le tort de cette conjuration était d'être trop écrivassière ; elle faisait copier les pièces du procès contre le Régent : elle préparait des arrêts, comme si les coups d'Etat ne demandaient pas avant toute chose la discrétion et le secret jusqu'au jour qu'ils éclatent : c'était la manie de la duchesse du Maine, esprit lettré et dont le bras droit était Malezieu, un académi-

(1) Le premier avis du complot vint de la Hollande ; les réfugiés français y étaient bien informés, et le savant Bornage

cien beau diseur et qui se complaisait dans l'admiration de ses phrases de manifeste (1) ; ceux qui rêvent des conjurations ou des coups d'Etat doivent se garder de mettre trop de beaux esprits dans leur secret ; l'amour-propre d'un discours les emporte à mille indiscrétions. Malezieu écrivit un long mémoire adressé à Philippe V sur la situation des esprits et la force de la conjuration ; ce mémoire fut remis à l'ambassadeur d'Espagne, le comte de Cellamare, un de ces esprits plus hautain et fier que discret et habile. Le comte de Cellamare avait une si forte conviction des priviléges de son ambassade qu'il ne pouvait croire qu'on serait assez osé pour les méconnaître, comme si un prince qui veut sérieusement une grande chose, ne faisait pas bon marché de toutes ces petites considérations d'étiquettes! Le droit des gens n'est respecté d'un côté que lorsqu'il reste dans sa pureté, un ambassadeur qui aide une conspiration, cesse d'être un agent diplomatique : il abdique son rôle.

était pensionné par le cabinet du Régent. Ce fut lui qui donna le premier éveil.

(1) On en trouva jusqu'à un ou deux brouillons de chaque manifeste et pièces rédigés par Malezieu et corrigés par la duchesse du Maine.

XIV

**Découverte de la Conjuration.
Mesures répressives.
Triomphe de la régence du duc
d'Orléans.**

(1719)

Les premières informations, on l'a vu, obtenues par le Régent sur la conjuration de la duchesse du Maine lui étaient arrivées par la Hollande et l'Angleterre, très-intéressées à la faire échouer; les agents secrets à l'étranger avaient signalé le comte de Cellamare, ambassadeur d'Espagne, comme la principale main du complot; on n'avait jusqu'ici que des indices sans preuve, et cependant on ne dissimulait pas l'approche d'une crise : la première condition pour donner une certaine vigueur à la régence c'était d'avoir des ministres fermes, dévoués, et l'on ne pouvait pas compter sur le caractère incertain et versatile du chancelier d'Aguesseau, esprit timide, réfléchi, qui se serait arrêté devant toute espèce de considérations avant d'agir vigoureusement; on ne peut oser beaucoup qu'avec les audacieux. Le Régent fit donc demander les sceaux à d'Aguesseau qu'il exila à sa terre de Fresne, son séjour de prédilection, et d'après le conseil de l'abbé Dubois, le Régent fit choix du comte Voyer d'Argenson, lieutenant général de police depuis longues années (1). Il y avait des motifs pour justifier ce choix. Depuis fort longtemps d'Argenson connaissait le terrain de la police : rien ne pouvait échapper à sa sagacité; esprit de fermeté et même de rudesse, il n'hésiterait devant rien de ce qui était utile; détesté du Parlement et du salon de Sceaux, il se ferait un devoir d'exécuter les actes les plus sévères du gouvernement. Le Régent venait de

(1) René-Louis Voyer d'Argenson, lieutenant général de police au Châtelet de Paris; il avait exercé pendant vingt ans : il fut garde des sceaux depuis 1718 jusqu'en 1720; père de M. d'Argenson, ministre des affaires étrangères (Voyez mon *Louis XV*).

renoncer aux formes libérales et un peu faibles de son conseil, à cette organisation hiérarchique et groupée de comités qui laissait le pouvoir sans unité et sans force ; l'abbé Dubois fut nommé ministre secrétaire d'Etat, le comte d'Argenson, garde des sceaux, M. Leblanc, esprit de fermeté, réunit au département de la guerre celui des affaires étrangères.

On vit bientôt la marche naturelle d'un pouvoir fort, et un acte de la simple volonté du Régent priva le duc du Maine du dernier titre que lui avait déféré le testament de Louis XIV, et que lui avait confirmé l'acte même du Parlement : la surintendance de l'éducation du Roi (1). Le Régent grandit le pouvoir de Fleury, l'évêque de Fréjus, le précepteur, caractère doux et faible, en dehors de toute combinaison politique (2) ; et la surintendance fut confiée au duc de Bourbon, l'héritier des Condé, premier prince du sang (3), fort hostile aux légitimés : un arrêt du conseil réduisit les bâtards au titre de leur pairie, acte populaire parmi les ducs et pairs

---

(1) Avril 1718.

(2) L'évêque de Fréjus devint ensuite un homme politique qui fit prévaloir le système de la paix.

(3) Connu sous le nom de *M. le duc*, fort lié avec la marquise de Prie et les hommes de finances.

9.

très-jaloux des priviléges extrêmes accordés par Louis XIV à ses enfants naturels. Le Régent ne pouvait plus douter que la main de la vieille Mme de Maintenon ne fût derrière toutes ces intrigues.

On était sur les traces de la conjuration, et e comte Voyer d'Argenson usait de toutes les informations de police pour en obtenir la preuve. Les *Mémoires* scandaleux ont supposé que ce fut dans un mauvais lieu et chez une femme nommée Fillon que l'abbé Dubois eut les premiers indices du complot du comte de Cellamare. Cette ignoble origine donnée à une information régulière, conduite avec habileté par la police du garde des sceaux, Voyer d'Argenson, est un de ces récits sans consistance recueillis par les faiseurs de scandales : ce complot d'écrivains, de gentilshommes, de jeunes et vieilles femmes se révélait par mille pièces écrites, copiées, transcrites avec imprudence (1) ; les conjurés procédaient par des mémoires, des manifestes ; ils étaient en correspondance presque authentique avec le roi d'Espagne, et la police savait que l'abbé Portocarrero, le secrétaire du cardinal Albéroni, partait de Paris avec des documents de la plus haute

---

(1) Par une sorte d'écrivain public nommé Bural.

importance : les manifestes du roi Philippe V, l'acte de convocation des états généraux et la déchéance du Régent. Le département des affaires étrangères s'était chargé d'envoyer les dépêches ordinaires du comte de Cellamare, et, pour éviter tout soupçon, l'ambassadeur d'Espagne continuait à se servir de cette voie. Or, dans les dépêches, on avait trouvé un petit billet chiffré ; comme le département des affaires étrangères avait la clef de tous les chiffres, le ministre put lire l'avis donné par l'ambassadeur d'Espagne à sa cour qu'il envoyait l'abbé Portocarreró chargé de notes importantes.

Sur-le-champ l'abbé Dubois se concerta avec le garde des sceaux et M. Leblanc qui avait le département de la guerre pour enlever les pièces dont l'abbé Portocarrero était porteur. Il fallait brusquer un tel coup sans compromettre encore ouvertement les rapports avec le cabinet de Madrid : un prétexte fut trouvé. La police d'Angleterre (1) avait prié la police française de faire arrêter un banqueroutier qui s'était sauvé en France ; on supposa une erreur de nom, et l'abbé Portocarrero vit ses papiers saisis et fouillés ; on trouva les copies écrites de la main de Malezieu,

---

(1) Dépêche de sir Robert Walpole, secrétaire d'État.

les lettres de la duchesse du Maine, des manifestes, des projets d'édits, et de plus une liste complète de toutes les personnes qui s'étaient engagées dans le complot (1) ; ces pièces importantes furent envoyées à Paris et un conseil extraordinaire fut convoqué par le Régent afin de prendre une résolution. Jusqu'ici tout fut tenu secret.

Le Régent, durant toute cette instruction, avait déployé un courage extraordinaire ; pendant qu'on devait l'enlever et que des officiers réfugiés français s'étaient plusieurs fois réunis dans le bois de Boulogne pour exécuter ce coup de main, il n'en continuait pas moins ses visites et ses plaisirs de nuit à la Muette, à Saint-Cloud ; il s'y rendait sans escorte, accompagné de quelques amis ; si l'on avait suivi ses penchants on aurait étouffé cette affaire : mais l'avis du conseil privé, de l'abbé Dubois et du garde des sceaux Voyer d'Argenson fut qu'il n'y aurait ni force de gouvernement, ni considération à l'intérieur, si l'on ne prenait quelque mesure solennelle et décisive de laquelle il résulterait une puissance

(1) Toutes ces pièces étaient écrites en espagnol et en français.

nouvelle pour la régence ; il fallait oser si l'on voulait vivre.

Un billet du Régent pria le comte de Cellamare de se rendre au département des affaires étrangères (1), tandis qu'une perquisition était faite à l'hôtel de l'ambassade avec un soin minutieux; l'abbé Dubois annonça au comte de Cellamare qu'il avait les ordres de Monseigneur le Régent pour mettre les scellés sur ses papiers et en rechercher certains qui pouvaient intéresser la sûreté de l'État. Le comte de Cellamare fit une protestation hautaine contre la violation des priviléges des ambassadeurs ; le ministre répondit que ces priviléges n'étaient accordés qu'à la condition expresse que l'ambassadeur lui-même resterait dans sa mission et ne se mêlerait pas à des complots. Le comte de Cellamare adressa une note assez violente à ses collègues d'ambassade à Paris. En réponse, l'abbé Dubois envoya à tous les chargés d'affaires de France copie des pièces saisies sur l'abbé Portocarrero et qui révélaient toute la conjuration avec une justification légale des

(1) Ce billet était ainsi conçu : « Je prie M. l'ambassadeur d'Espagne de se rendre vers midi chez M. Leblanc, où viendra M. l'abbé Dubois pour l'affaire d'un banqueroutier espagnol arrêté près de Poitiers. — *Philippe d'Orléans.* »

mesures prises à l'égard de l'ambassadeur, comme mêlé à un complot (1).

Maître de tous les secrets, il fallait agir vite et vigoureusement ; si l'on était remonté à la source du complot, on aurait trouvé la main de Madame de Maintenon; le Régent jugea qu'il fallait la laisser mourir tranquille ; on pouvait surveiller Saint-Cyr, en priant la marquise d'être plus circonspecte. Il ne pouvait en être ainsi de la duchesse du Maine et du duc, son mari, l'âme du complot ; une escouade de gardes du corps, commandée par un lieutenant, leur porta des lettres de cachet pour qu'ils eussent à se rendre à Dijon : douze mousquetaires, sous le commandement d'un brigadier, reçurent l'ordre de les conduire sans mot dire, muets comme des trapistes ; tous les officiers de la maison de Sceaux furent également arrêtés, le marquis de Pompadour, le fils de Malezieu, colonel d'artillerie (2). On apprit bientôt que la Bastille avait été meublée à neuf

---

(1) Ce manifeste fut imprimé avec toutes les pièces ; j'en ai vu un exemplaire (Bibliothèque Impériale).

(2) Plusieurs membres du parlement furent arrêtés : Fontenelle joua un bien vilain rôle dans l'arrestation de Mademoiselle de Launay.

et que le gouverneur devait se tenir prêt à recevoir grand nombre de prisonniers.

Il y avait eu tant de démarches compromettantes, tant de propos inconsidérés ! Le plus compromis d'entre les officiers était le jeune duc de Richelieu ; on avait la preuve qu'il avait offert son régiment à Philippe V, roi d'Espagne, et la place de Perpignan : avec une grande présomption, il avait eu le tort de beaucoup parler, même dans les lieux publics ; chez celle qu'on a appelée *la Fillon*. Les amis de la duchesse du Maine ont donné mille vilaines épithètes à madame Fillon ; elle était simplement, d'après l'almanach de Paris, la marchande de modes brevetée de la cour, son magasin était rue Croix-des-Petits-Champs, le beau quartier de Paris ; elle n'était ni entremetteuse, ni femme éhontée, mais elle recevait de nombreuses visites et l'on y parlait beaucoup. Le lieutenant de police y entretenait quelques personnes à gages pour recueillir les propos, comme le cardinal de Richelieu les recueillait chez Marion de Lorme et Mazarin chez Ninon de l'Enclos. Un salon également bien dangereux était celui de Madame de Tencin, la philosophe ; sous prétexte de rester neutre, la dangereuse sirène abritait toutes les opinions, le ministre abbé Dubois à côté de

Malezieu ; le garde des sceaux Voyer d'Argenson et le jeune duc de Richelieu : il pouvait donc facilement s'établir une sorte de surveillance de police dans ce salon, et ce fut en sortant de chez Madame de Tencin que le duc de Richelieu fut arrêté et conduit à la Bastille (1). L'hôte assidu de Madame de Tencin était Fontenelle, le vrai modèle de prudence et de lâcheté indifférente ; chaque fois que s'agitait une question politique il faisait semblant de dormir. Au profit de qui était ce sommeil ? on l'ignore ; fort avant dans toutes les confidences, il se trouvait que le lendemain la police en était parfaitement informée. De tous les gens de lettres de la conspiration, Malezieu et Lagrange-Chancel (auteur de l'odieux pamphlet) furent les seuls sévèrement punis : Malezieu fut mis à la Bastille, Lagrange-Chancel fut enfermé aux îles Sainte-Marguerite : on se contenta de l'exil pour l'abbé, depuis cardinal de Polignac (l'auteur de l'anti-Lucrèce), l'hôte assidu de Madame la duchesse du Maine. Le jeune Arouet de Voltaire qui s'était mis un peu trop

---

(1) Le duc de Richelieu fut évidemment protégé par son nom ; sa vanité lui a fait dire que Mademoiselle de Valois lui portait un tendre intérêt ; le duc de Richelieu dut tout à l'indulgence du Régent : à la Bastille il se comporta au reste avec une grande fermeté.

en avant se retira, par prudence, chez le duc de Sully (1), annonçant qu'il allait désormais consacrer sa muse à l'éloge de la maison royale de France dans un poème qu'il avait d'abord intitulé *la Ligue* et qui, depuis, s'appela *la Henriade*... Ce fut du château de Sully qu'il adressa des vers pleins d'adulation à M. le Régent pour payer tout à fait sa grâce :

> C'est ainsi qu'on dira dans la race future :
> Philippe eut un cœur noble, ami de la droiture ;
> Politique et sincère, habile et généreux,
> Affable avec noblesse, et grand avec bonté,
> Il sépara l'orgueil d'avec la majesté ;
> Et le dieu des combats et la docte Minerve
> De leurs parfums divins le comblaient sans réserve.
> Capable également d'être avec dignité
> Et dans l'éclat du trône et dans l'obscurité,
> Voilà de ce que toi mon esprit se présage.

Ainsi parle toujours la majorité des gens de lettres et des poètes, quand un pouvoir a con-

(1) Voici les vers charmants que Voltaire adressait au duc de Sully :

> J'irai chez vous, duc adorable,
> Vous dont le goût, la vérité,
> L'esprit, la candeur, la bonté
> Et la douceur inaltérable
> Font respirer la volupté
> Et rendent la sagesse aimable.

quis de la force et de la sécurité. Or, il était incontestable que la répression du complot espagnol avait donné une énergique puissance au Régent Philippe d'Orléans.

XV

**Deuxième période du système de Law.
Sa décadence.
Poursuites contre les agioteurs.
Le Duc de la Force. — M. de Talhouet.**

(1719—1720.)

La vive et forte répression de la conjuration espagnole de la duchesse du Maine s'était accomplie en plein système de Law, au milieu des agitations de la hausse et de la baisse des actions, et par conséquent elle avait à peine attiré l'attention publique ; quand un pays est très-occupé d'affaires, les opinions politiques ne l'intéressent qu'autant qu'elles arrêtent ou secondent le développement des intérêts, et les coups d'État passent comme inaperçus : il arrive quelquefois même qu'en donnant plus de force et plus d'unité au pouvoir, ils créent une plus grande confiance et que les gens d'affaires y applaudissent de toutes mains.

Le système était alors arrivé à son apogée, les actions de 500 fr. s'étaient élevées à 14,000 fr. et il n'y en avait pas suffisamment sur la place pour les preneurs. La banque de Law, déclarée royale (1), concentrait dans ses mains : 1° la perception de l'impôt et des fermes générales; 2° la monnaie ; 3° le monopole ou commerce de l'Inde et de l'Afrique par les compagnies ; 4° une association coloniale et immobilière pour la Louisiane et le Mississipi ; 5° le payement de toutes les dettes de l'Etat par la création indéfinie des billets de la banque. La pensée de Law était la substitution absolue du papier au numéraire, et cette idée avait si bien réussi, il y eut un si grand dédain pour l'or et l'argent, que la banque eut en dépôt numéraire or et argent jusqu'à 300 millions. L'importance de la banque, la popularité de son directeur fut telle que le Régent dut confier à Law

---

(1) Arrêt du conseil, 4 décembre 1718. La banque eut des succursales à Lyon, La Rochelle, Tours, Orléans, Amiens ; elle ne fut point acceptée à Marseille, Lille et Nantes ; l'arrêt disait : « La circulation des billets de banque est plus utile aux sujets que celle des espèces d'or et d'argent.

l'administration générale des finances, en le nommant contrôleur général. Il n'y avait que la difficulté d'un changement de religion, Law était protestant ; il fut instruit dans la religion catholique par l'abbé depuis cardinal de Tencin ; le baptême se fit avec un certain éclat (1) ; M. le duc de Bourbon-Condé, fort lié au système, fut son parrain, et dès ce moment Law de Lauriston fut contrôleur général des finances. C'était la pleine vogue du système ; la rue Quincampoix n'était plus suffisante pour les opérations : la Bourse se tint à tous vents, à la place des Victoires, rue Vivienne, à la place Vendôme. On eut dit partout une émeute ; il s'était fait des fortunes de 30 à 40 millions; une veuve presque inconnue gagna 70 millions (2), le vieux banquier Samuel Bernard, l'habile Crozat, doublèrent leur fortune déjà colossale.

A cette époque, cependant, on put voir les causes de la décadence pressentie du système ;

---

(1) On fit des épigrammes sur cette conversion :

> Fi de ton zèle séraphique,
> Malheureux abbé de Tencin;
> Depuis que Law est catholique,
> Tout le royaume est capucin.

(2) On la nommait madame Caumont ; elle les réalisa presqu'aussitôt.

d'abord les habiles commencèrent à réaliser les bénéfices, à consolider leur position, à échanger leur papier contre l'or ; le compte d'échange du prince de Condé porta 1,700,000 louis pris à la banque contre du papier dans la seule année 1719 ; d'autres porteurs d'actions réalisèrent leurs capitaux pour les placer à l'étranger sur les banques de Gênes, d'Amsterdam, de Venise : un certain nombre acheta des propriétés foncières ; le contrôleur Law lui-même acquérait les plus belles terres du royaume ou traitait de leur valeur ; il achetait le comté d'Evreux 800,000 livres, il offrait 1,400,000 livres au prince de Carignan pour l'hôtel de Soissons, et au marquis de Sully 1,700,000 livres de son marquisat de Sully (1).

Il se faisait d'autres opérations qui révélaient

(1) Voltaire, un peu désenchanté du système, écrivait au duc de Sully :

    Et ce système tant vanté,
    Par qui nos héros de finances
    Emboursent l'argent de la France,
    Et le font par pure bonté,
    Pareil à la vieille Sybile
    Dont il est parlé dans Virgile,
    Qui, possédant pour tout trésor
    Ses recettes d'énergumène,
    Prend du Troyen le rameau d'or
    Et lui rend des feuilles de chêne.

une grande méfiance ; on achetait avec des billets de la banque des marchandises de toute nature, dans l'idée que prochainement le billet perdrait et que la marchandise grandirait de valeur. Le chef de ces accapareurs, surtout pour l'épicerie, fut le duc de Caumont La Force, membre du conseil des finances, et qui montrait ainsi lui-même une véritable crainte pour l'avenir de la banque : le duc de La Force brava l'opinion, les sarcasmes de la cour et se fit épicier pour gagner de l'argent ; un jour qu'il allait voir le prince de Conti, il fut parfaitement accueilli par le prince qui, en le reconduisant, lui dit : « qu'il le remerciait bien de sa bonne visite, mais que ses provisions étaient faites pour cette année. » Un arrêt solennel du Parlement flétrit d'une censure le duc de La Force (1). Le maître des requêtes Talhouet, de famille bretonne, qui avait fait une fortune colossale et acheté les plus belles terres de Bretagne confisquées, convaincu de fraude et de détournement d'actions, fut condamné à être pendu (2) avec quelques-uns de ses complices, rigueur que l'on croyait néces-

(1) Voici le texte de l'arrêt : « Sera tenu ledit Henri Nompère de Caumont, duc de La Force, de se comporter à l'avenir d'une manière irréprochable, etc. — 12 juillet 1721. »

(2) L'arrêt est du 27 septembre 1721.

saire. Mais l'affaire la plus triste, la plus épouvantable qui montra les fatales conséquences du jeu et de l'avidité, ce fut celle du comte de Horn, jeune homme de 22 ans, brave de sa personne, d'une des plus illustres familles de Flandre ; l'amour du jeu l'avait entraîné à assassiner un des gros agioteurs pour s'emparer de son portefeuille ; arrêté, convaincu, condamné à être roué, le Régent refusa sa grâce pour donner l'exemple au milieu d'une dissolution de mœurs incomparables. Il dit à ceux qui lui demandaient sa grâce : « Quand on a du mauvais sang, on se le fait tirer. »

Déjà le Conseil était obligé de recourir à des mesures coercitives pour soutenir le système financier ; il fut d'abord déclaré que tous les payements, désormais, devraient se faire en billets et que le numéraire ne serait admis que pour les appoints de dix francs et au-dessous. Dans cette voie on ne s'arrêta point, et la violence ne fit que jeter plus d'alarmes dans la circulation. Un autre arrêt du Conseil défendit à tous les particuliers, communautés, corporations, de garder or et argent dans leur épargne, et d'avoir à le porter à la banque pour recevoir en échange des billets au pair, sous peine de la confiscation, le quart au profit de celui qui l'aurait découvert et dénoncé (1). Par ce moyen la banque vit grandir son dépôt, mais les billets perdirent de leur valeur ; l'agio fut de 5 à 10 %, et les actions baissèrent de 14,000 à 8,000 fr. Cette mobilité incessante dans le prix des actions, ces différences d'*agio* entre l'or et le billet de banque donnèrent une recrudescence à la fièvre du jeu. L'agiotage devint une frénésie. La police l'avait chassé de la rue Quincampoix, des places Vendôme et des Victoires, il se réfugia dans l'hôtel de Soissons, transformé en petites échoppes.

> Troupe digne d'être enfermée,
> Criait Diogène en courroux,
> Un âne est moins bête que vous.
> Vous recherchez une couronne,
> Des plumes de paon, de chardons,
> C'est la sottise qui la donne ;
> C'est pour elle qu'en nos maisons
> Vous introduisiez la famine.
> Nos ustensiles de cuisine
> Sont des meubles à retrancher ;
> Vous méritez qu'on vous assomme,
> Et loin de vous je vais chercher
> Où je pourrai trouver un homme.

Cependant la banque était assaillie par des demandes d'échange ; la foule se portait pres-

---

(1) Arrêt du conseil, 2 septembre 1720.

qu'en émeute à ses guichets : on eut besoin de recourir à des mesures militaires, et plus d'une fois la maison du Roi prit les armes pour empêcher le désordre dans les rues Petits-Champs et Vivienne, autour du bel hôtel qui servait aux bureaux de la banque. Comme les tonnes d'or et d'argent s'épuisaient, on n'ouvrit plus que deux guichets et on limita les heures du payement : les clameurs grandirent. Un arrêt du Conseil déclara que l'état des caisses de la banque serait vérifié par des commissaires et que, jusqu'à leur rapport, les payements seraient suspendus. Pour faciliter la circulation, on résolut de faire des petites coupures de 20 et 10 livres ; les commissaires du quartier reçurent chacun une somme en petits écus pour les besoins des marchés, car les paysans menaçaient de ne plus y apporter leurs denrées s'ils n'étaient payés en numéraire (1).

(1) La communauté des épiciers poursuivait le duc de La Force pour s'être immiscé dans le commerce de l'épicerie ; le duc ne passait pas pour brave et l'on chantait sur lui :

> La Force, comme dit d'Argenson,
>   Hait beaucoup le canon :
> Il craint qu'un boulet ne le perce.
> Pour oisif, il ne l'est jamais ;
> En guerre il fait la controverse
> Et la maltôte en temps de paix.

L'enquête des commissaires fut favorable à la banque: l'encaisse en or et argent s'élevait à plus de 500,000,000 ; mais la masse des billets en circulation excédait de plus de deux tiers la valeur de dépôt, or, en l'état de panique où se trouvaient les esprits, le dépôt serait bientôt épuisé et la banque en état de suspension de payement. Les actions devaient en conséquence singulièrement se déprécier. Toutefois dans la masse d'affaires qu'embrassait la banque, un grand nombre étaient excellentes et offraient des garanties réelles aux actionnaires : 1° la perception du revenu des fermes ; 2° la fabrication des espèces d'or et d'argent à la Monnaie ; 3° les Compagnies des Indes, du Sénégal et de l'Afrique avec le monopole de la traite des noirs. Les entreprises véritablement mauvaises c'était la colonisation de la Louisiane et du Mississipi qu'on avait présentée si merveilleuses et avec de si vives couleurs à l'origine ; elles n'avaient produit que des résultats négatifs ; on n'avait pu trouver les mines d'or espérées : les échanges n'avaient présenté aucuns bénéfices, si ce n'est pour les pelleteries. On avait pourtant fondé des villes avec le souvenir de la France ; la Nouvelle-Orléans prenait le nom du Régent ; l'on aurait plus tard les merveilles d'une belle culture à la Louisiane, mais les capitaux des actionnaires étaient singulièrement compromis. Ils ne retiraient plus ni dividende ni intérêt.

Dans cette agitation des idées, nul homme n'était plus pénétré que le Régent de l'excellence du système de Law (1) ; esprit très-avancé, un peu aventureux, le duc d'Orléans croyait possible la substitution absolue des valeurs de crédit à l'argent, de manière à donner un essor puissant, immense, au luxe, au bien-être, à la richesse générale ; les commencements avaient été si heureux, si féconds, qu'il espérait toujours la cessation de la crise et d'une panique qui n'avait pas de fondement. Le Régent aimait la personne de Law par cette irrésistible tendance qui le portait vers les imaginations à aventures ; le nouveau contrôleur général lui paraissait un esprit hors ligne, un heureux expérimentateur de la fortune publique. Cette passion du duc d'Orléans pour

---

(1) On faisait dire à Law dans une chanson :

. . . .
Le Régent m'approuve,
J'ai même aujourd'hui
Un Condé pour appui.
Content de voir que j'ai rempli ses coffres,
Il me fait les offres
De prendre son train
Pour avancer le chemin.

les grandes entreprises allait jusqu'à ce point de le faire assister aux assemblées des actionnaires, jusqu'à prendre part aux délibérations des Compagnies, et j'ai trouvé en original le procès-verbal de l'assemblée de la compagnie d'Occident et des Indes (19 décembre 1719). Le Régent prit une part active à la discussion, ainsi que Law lui-même : tout parut si prospère dans l'état des affaires, que le dividende des actions fut fixé à 40 %. « Ainsi, continua Mgr le Régent, ce sera 120 millions qui seront distribués aux actionnaires sur les 300 millons d'actions souscrites? — Oui, Monseigneur, » dit Law. Ensuite il fut proposé et adopté l'augmentation du capital, la fusion des deux compagnies d'Orient et d'Occident; enfin il fut décidé que, pour prévenir les abus de l'agiotage, on établirait un bureau où chaque jour serait affiché le prix de la vente et de l'achat des actions (1).

(1) Procès-verbal de la Compagnie d'Occident ; le Régent présida la réunion pendant trois heures.

XVI

La Politique. — La Cour. — Les Filles du Régent.

(1719 — 1720)

Dès que le Régent s'était déterminé à prendre des mesures violentes contre le comte de Cellamare, il avait dû se préparer à la guerre contre l'Espagne, conséquence toute naturelle de sa résolution. La situation qu'avait osée le cardinal Albéroni effrayait l'Europe, les vastes projets du cardinal n'embrassaient pas seulement la succession à la couronne de France, mais le cardinal voulait rendre à la maison d'Espagne toute son influence sur l'Italie, lui restituer le Milanais, la Toscane, ce qui blessait profondément la politique de l'empereur et de la maison d'Autriche : il fut donc très-facile aux trois puissances déjà liguées entre elles, la France, l'Angleterre et la Hollande, de transformer la triple alliance en quadruple alliance par l'adhésion de l'empereur et cette ligue dut menacer les plans d'Albéroni.

C'était le renversement complet de la politique de Louis XIV, qu'une guerre de la France contre l'Espagne ; la branche aînée des Bourbons combattait la branche cadette ! Mais la guerre qu'allait entreprendre la France n'aurait qu'un temps et avait un but déterminé ; la quadruple alliance n'avait d'autre principe que le maintien du traité d'Utrecht et la paix du monde. Il est des temps où se forme naturellement une ligue contre toute puissance perturbatrice qui veut inquiéter la paix, et le cardinal Albéroni, en vertu de sa hardie et glorieuse ambition, prenait ce rôle audacieux. On allait faire la guerre à l'Espagne pour le maintien des traités (1) : chose singulière qui bouleversait toutes les idées, le duc de Berwick, un Stuart, avait le commandement de l'armée dirigée

---

(1) Le manifeste de la France est rédigé dans ce sens : il fut écrit par Destouches, l'homme de confiance de l'abbé Dubois (septembre 1719).

contre l'Espagne, tandis que le cardinal Albéroni prenait, sous la protection de l'Espagne, la cause des Stuarts. A certaines époques, toutes les situations diplomatiques sont bouleversées : c'est ce qu'on appelle la politique d'accident, toujours opposée à la politique permanente.

L'opposition était vaincue et non muette. Avec la plus extrême indulgence (ou indifférence) qui était le fond de son caractère, le Régent se relâchait peu à peu des mesures qui avaient suivi la conspiration de Cellamare ; le duc et la duchesse du Maine purent revenir à Sceaux, et reprendre leurs passe-temps littéraires avec promesse de ne plus se mêler de politique (1) ; le Régent assistait sans émotion à la tragédie d'*Œdipe*, sans prendre garde aux allusions, et il vint spontanément voir jouer *Athalie* qu'on avait reprise avec un désir d'opposition « le petit Joas dans le temple, Athalie l'usurpatrice ! » Le Régent n'en fut ni ému ni colère ; il applaudit aux plus beaux vers sans songer à ces allusions ; le tendre soin qu'il prenait du jeune Roi ne pouvait laisser place au

---

(1) Le jeune duc de Richelieu sortit de la Bastille par une lettre de cachet qui lui assignait pour résidence le château de Conflans, chez sa belle-mère : j'ai donné la lettre de cachet dans mon ouvrage : *Le Maréchal de Richelieu.*

soupçon d'un crime et cependant on chantait de lui :

> C'est beaucoup d'honneur à Philippe
> Que de lui comparer OEdipe.
> L'un ignorait ce qu'il faisait,
> **Mais l'autre sait** bien ce qu'il fait.

Depuis la signature du traité de la quadruple alliance et la répression du complot espagnol, la politique du Régent prenait une attitude plus dessinée, et cette sécurité générale, S. A. R. la devait au conseil et à l'habileté de l'abbé Dubois ; il était très-simple, très-naturel que le négociateur du traité reçut une place plus élevée dans le conseil, en rapport avec la situation qu'il avait créée. L'abbé Dubois fut nommé secrétaire d'Etat pour les affaires étrangères. Depuis le dernier protocole, le ministre chargé des négociations les plus importantes avait acquis un grand crédit en Angleterre et en Hollande, et le nouveau poste qu'il occupait était une garantie pour l'exécution de traités; le roi d'Angleterre l'avait personnellement demandé au régent, et le Czar Pierre avait dit tout haut « qu'un prince était bien heureux d'avoir un ministre d'une si grande capacité (1). »

(1) Le comte de Garden, dans sa remarquable *Histoire*

La hiérarchie ecclésiastique devait suivre les hautes fonctions d'Etat, et l'abbé Dubois fut pourvu de l'archevêché de Cambrai. Ici, il faut écarter tous ces pamphlets orduriers qui sont la honte de l'histoire : l'abbé Dubois était d'une modeste origine, était-ce une indignité ? Cette origine pourtant était le reproche qu'on lui adressait : comment, le fils d'un apothicaire élevé à une si grande faveur ! Ce pauvre corps affaibli par la maladie et le travail, nourri de légumes, nous est représenté comme gorgé de viande, de vins et rongé de débauche ! Il existe pourtant une pièce de grande autorité : nul clerc n'était admis à l'épiscopat, sans une enquête préalable sur la vie du candidat confiée à quatre évêques : or qui présida cette commission ? un modèle de sévérité et de vertu ! Massillon, de l'ordre de l'Oratoire : Massillon aurait donc eu l'infamie de certifier les bonnes mœurs d'une espèce de libertin à orgie pour lui ouvrir les portes du sanctuaire, et le cardinal de Noailles, si rigide, l'aurait ratifié ! Une telle supposition serait odieuse ; ce fut le cardinal de Noailles qui indiqua lui-même le Val-de-Grâce

---

des Traités de paix, a donné les pièces qui justifient la haute direction diplomatique de l'abbé Dubois.

pour le sacre du nouvel archevêque de Cambrai, cérémonie où toute la cour assista dans la plus grande pompe, même la caustique princesse Palatine (1).

Le Régent put être familier avec le nouvel archevêque de Cambrai, comme un élève d'illustre naissance avec son précepteur, mais il ne fut jamais ni ordurier ni mal appris. La cour du Palais-Royal et de Saint-Cloud se composait alors de Madame douairière, la mère de S. A. R., la sévère et rude Allemande, l'implacable ennemie de Madame de Maintenon : vieille contre vieille, c'était à coups de griffe qu'elles se déchiraient. Quelle médisante que Madame, n'épargnant pas même sa famille qu'elle jugeait avec une sévérité cruelle ! Sa belle-fille, Madame la duchesse d'Orléans, d'une incomparable bonté, n'avait qu'un seul défaut : sa nonchalance extrême qui lui faisait secouer

(1) Le certificat de bonne information existe encore aux archives de l'archevêché de Cambrai, 17 mai 1720. Ce siégé était d'abord destiné à l'abbé de Saint-Albin, qui reçut l'archevêché-pairie de Sens. On fit sur la faveur de l'abbé Dubois cette épigramme :

Je suis Dubois dont on fait les cuistres,
Et cuistre je fus autrefois ;
Mais à présent je suis Dubois
Dont on fait les ministres.

même les obligations de la vie ; elle restait souvent couchée tout un jour sur une ottomane, les rideaux baissés : sa situation était difficile à la cour du Régent, car elle appartenait à cette branche des légitimés si mal traitée depuis la régence ; elle se sentait comme déplacée auprès de la famille des princes du sang qui semblait la dédaigner. Le duc d'Orléans, excellent mari, à travers ses dissipations et ses légèretés la rendait heureuse par une douce et bonne fécondité de huit enfants.

Cet excellent père venait d'être douloureusement éprouvé ; l'aînée de ses filles, la plus chérie, madame la duchesse de Berry mourait à vingt-quatre ans ; veuve et libre, enfant gâtée sur tout, elle menait au Luxembourg, à Meudon, à la Muette, une vie active, hautaine et fière qu'elle partageait entre les fastes de la représentation, la chasse, les dîners, les longues courses de nuit, et la retraite la plus absolue dans le couvent des Carmélites de Chaillot. Saint-Simon s'est acharné sur cette pauvre et noble duchesse de Berry : ce vieillard quinteux, dont la vie s'écoula sans gloire et sans éclat entre une protestation du Parlement et une dissertation héraldique (1),

(1) Saint-Simon est odieux sur la duchesse de Berry et

a flétri odieusement cette noble et jeune femme qui aima le comte de Riom jusqu'à la faiblesse et l'épousa secrètement. Riom était un cadet de la branche des Lauzun de Gascogne, peu favorisé de la fortune et même de la figure, mais brave, dévoué, colonel du régiment de Berry. Le grand chagrin de la duchesse de Berry vint précisément de la résistance qu'opposaient Madame Mère et le Régent lui-même à la publicité de ce mariage : alors elle prit la vie en dégoût ; elle vécut avec ces joies fiévreuses qui hâtent la fin de l'existence ; elle passait les nuits sans sommeil sous les ombrages ; elle courait de résidence en résidence et cherchait à retenir la légèreté du comte de Riom, qui, à la tête de son beau régiment, faisait la guerre en Espagne. Elle s'alita à la suite d'une longue chasse aux flambeaux à la Muette ; saisie tout à coup d'un frisson, Chirac, médecin grognon et hardi, la purgea mal à propos ; l'indisposition fit des progrès rapides ; la mort vint et la duchesse de Berry la reçut avec dignité et fermeté. « Mon fils, écrit la douairière d'Orléans, est d'autant plus affligé qu'il voit bien que s'il n'avait

pourtant madame de Saint-Simon resta la dame d'honneur de la duchesse ; cela s'accorde mal.

eu trop de complaisance pour sa chère enfant et s'il avait plus agi en père, elle vivrait encore (1). »

La seconde fille du Régent, mademoiselle de Chartres, se séparait du monde par une vocation irrésistible; c'était la plus charmante princesse qu'on ait vu, d'une blancheur éblouissante, d'un visage espiègle couronné de cheveux blond d'or ; on admirait Louise-Adelaïde pour sa taille ravissante, ses grâces, ses manières; comme sa sœur la duchesse de Berry, elle peignait, gravait; excellente chasseresse, elle défiait tout le monde un fusil à la main. Tout à coup sa vocation se révéla avec une énergie

(1) Saint-Simon ne peut s'empêcher de dire : « Qu'elle reçut les sacrements, les portes ouvertes, et qu'elle parla aux assistants sur sa vie et son état, mais en Reine de l'une et de l'autre. » La douairière, madame d'Orléans, si médisante, déplore la mort de sa petite-fille en ces termes : « Je crois que ce sont les bains successifs et sa gourmandise qui ont miné sa santé. La pauvre duchesse de Berry s'est détruite elle-même comme si elle s'était tirée un coup de pistolet ; elle a mangé ensuite du melon, des figues et du lait; pour cette belle œuvre elle a fermé la porte à son docteur pendant quinze jours. » Saint-Simon poursuit même le cadavre de la duchesse de Berry ; il fait dire au prince de Conti ce vieux refrain :

Elle est morte, la vache aux paniers,
Il n'en faut plus parler.

C'était plein de bon goût sur un cercueil !

que rien ne put contenir; elle venait de faire un pèlerinage à l'abbaye de Chelles avec sa sœur la duchesse de Berry, lorsqu'à son retour elle déclara, en termes presqu'impératifs, qu'elle avait vu à Chelles tant de bonheur, que là était le lieu de retraite qu'elle avait choisi. L'abbaye royale de Chelles, antique monument, restait debout comme un souvenir de la première race : « les sœurs de Saint-Benoît sont des anges, » aimait à répéter la princesse, et un matin, laissant ses parures et son carrosse, elle vint s'abriter sous les ogives de l'abbaye.

Cette renonciation subite au monde, à ses plaisirs, fit grand bruit à la cour; le Régent en fut inconsolable; il adorait sa fille; il fut au désespoir lorsqu'il apprit que, sous le nom de sœur Bathilde, elle avait pris le voile. L'abbaye de Chelles devint désormais un des buts de toutes les promenades du Régent; il allait y recueillir des conseils et purifier sa vie. Comme cette société légère raillait tout, on fit des vers galants et légers sur la vocation de mademoiselle de Chartres : ce monde riant et enivré ne pouvait comprendre qu'on se séparât de lui, comme la Rome de la décadence ne pouvait s'expliquer la vie des solitaires de la Thébaïde. La nouvelle abbesse de Chelles prit sa vocation très au sérieux ; sa vie austère, elle la consacra à la défense du jansénisme.

A ce moment, la dernière de ces trois filles tant aimées, Mademoiselle de Valois, s'éloignait aussi de la cour du Régent pour épouser le duc de Modène, mariage politique qui assurait à la France de nouvelles alliances en Italie. C'était cette gracieuse princesse dont le fat Richelieu se disait aimé, comme il avait prétendu autrefois enflammer mademoiselle de Charolais (1) ; ce fut encore un moment de tristesse pour le duc d'Orléans, cet'excellent père, que de voir s'éloigner la troisième de ses filles : il l'accompagna tout en pleurs aussi loin qu'il le put, et il revint à Paris plongé dans la plus noire tristesse. De ses trois

---

(1) Voltaire avait donné cette réputation à Richelieu ; on lui attribua ces jolis vers :

>Fixez le papillon volage
>Sur la fleur, reine des jardins;
>Sous le dôme vert du bocage
>Fixez le zéphir incertain,
>Fixez l'étoile voyageuse
>Dans l'enceinte étroite du puits,
>Où son image radieuse
>Semble tomber du front des nuits;
>Fixez-les, vous serez habile,
>Sinon, recevez mon adieu,
>Car il est bien plus difficile
>De me fixer, moi, Richelieu.

filles bien-aimées, l'une était morte, l'autre séparée du monde, la dernière passait les Alpes sans espoir de retour ; le Régent crayonna lui-même le portrait de ses filles, avec ce merveilleux talent d'ornementation qu'il devait à de Troyes et à Watteau (1).

Souvent les grands désordres de la vie viennent des tristesses profondes, et il y a bien des douleurs et des larmes à travers l'orgie que l'on cherche pour s'étourdir ; l'hymne à Bachus est souvent un chant lugubre de l'âme ; et ces tristesses du Régent le jetèrent plus que jamais dans cette vie facile et sensuelle au milieu de ce monde qu'on appelait les Roués. Le Régent n'eut plus de maîtresse en titre admise à la Cour, le règne de Mesdames de Sabran et de Parabère avait cessé ou au moins s'était affaibli ; le Régent leur préférait les danseuses d'Opéra, papillons légers et de passage qui venaient voltiger autour des bougies éclatantes du Palais-Royal. Boucher a reproduit deux de ces filles de gaze

---

(1) D'autres vers furent faits encore sur le mariage de mademoiselle de Valois :

> J'épouse un des plus petits princes,
> Maîtres de très-petits États,
> Quatre desquels ne vaudraient pas
> Une de nos moindres provinces.

et de rose; l'une qu'on appelait la *Souri* à cause de sa mignonne figure et de sa danse vive et légère ; l'autre, danseuse de caractère, d'un port majestueux, d'un esprit assez sérieux. Émilie avait reçu une éducation soignée, elle savait beaucoup, ce qui est bien rare dans une de ces fragiles divinités de l'Opéra, elle était érudite comme un Bénédictin; tous les faits des grandes annales historiques lui étaient connus; elle étonnait le Régent par cette inépuisable mémoire et cette érudition antique.

Le sceptre de rose mêlé au thyrse des bacchantes passa pour quelque temps à madame d'Avesne, brune alerte, spirituelle, se mettant bien et qui donnait aussi admirablement des fêtes à sa petite maison de Saint-Cloud, que madame de Parabère à Asnières. Un jour tout le parc parut en feu, joûtes sur l'eau, la grand cascade jetant des flammes au milieu de ses flots de cristal : le repas dura toute la nuit (1). La nouvelle faveur de madame d'Avesne fut célébrée par les poètes, Voltaire ne laissa passer aucune occasion de lui adresser des vers flatteurs et gracieux : un jour qu'elle

---

(1) L'avocat Barbier, dans son insipide journal, en fait une longue description.

portait une magnifique ceinture brodée au chiffre du Régent, Voltaire improvisa ces vers :

>   Pour la mère des amours
> Les Grâces autrefois firent une ceinture.
> Un certain charme était caché dans sa tissure ;
> Avec ce talisman, la déesse était sûre
>   De se faire aimer toujours.
> Et pourquoi n'est-il plus de semblable parure ?
>   De la même manufacture
> Sortit un ceinturon pour l'amant de Vénus,
> Mars en sentit d'abord mille effets inconnus ;
> Vénus, qui fit le don, ne se vit pas trompée,
> Aussi, depuis longtemps, le sexe est pour l'épée.
> Les Grâces qui, pour vous, travaillent de leur mieux,
> Ont fait un ceinturon sur le même modèle.
>   Que ne puis-je obtenir des Dieux
>   La ceinture qui rend fidèle !

Voltaire était rentré tout à fait en grâce auprès du Régent ; les poètes caressaient cette vie de fêtes, cette cour de femmes élégantes qui passaient doucement la vie au milieu des plaisirs et des licences de l'amour. Le Régent se consolait des affaires par le souper ; la vie des plaisirs ne commençait qu'à cette heure : sous des torrents de lumières les vins ruisselaient et les joyeux propos de Grécourt, Lafarre, Voltaire, venaient se mêler aux anecdotes piquantes qui s'entrechoquaient avec les verres ; une porte secrète communiquait à l'Opéra ; en deux minutes le Régent pouvait aller dans sa loge et assister aux belles œuvres de l'art, aux chœurs des nymphes, aux danses lascives. Depuis la mort de la duchesse de Berry il y eut plus de tendance vers l'orgie; ce qui vient de la mort hâte la mort. Les poètes étaient frappés eux-mêmes, et dans un de ces soupers on apprit la fin de Chaulieu : il avait, lui aussi, aimé les roses tendres, le vin qui pétille dans la coupe au milieu de la société oublieuse du Temple. Il mourait dans la pénitence et le repentir : Voltaire, avec son esprit sceptique, raillait cette bonne fin du brillant abbé de Chaulieu :

> Peut-être, les larmes aux yeux,
> Je vous apprendrai pour nouvelle
> Le trépas de ce vieux goutteux
> Qu'anima l'esprit de Chapelle;
> L'éternel abbé de Chaulieu
> Paraîtra bientôt devant Dieu,
> Et si d'une muse féconde,
> Les vers aimables et polis
> Sauvent une âme en l'autre monde,
> Il ira droit au paradis (1).

(1) Épître au duc de Sully.

XVII

La guerre et la paix avec l'Espagne.
Mariages Espagnols.
L'Abbé Dubois promu à la dignité de Cardinal.

(1721—1722.)

La campagne sur les Pyrénées, conduite avec une grande vigueur par le maréchal de Berwick, n'avait qu'un but déterminé : contraindre l'Espagne à respecter le traité d'Utrecht, soit par une renonciation formelle de la branche espagnole à la couronne de France, soit par la reconnaissance des droits de la Maison d'Autriche sur les possessions italiennes. La guerre n'avait pas été heureuse pour la cour de Madrid, et le Roi Philippe V ne pouvait obtenir un traité de paix et garantir la renonciation à son système que par la disgrâce du cardinal Albéroni, trop vaste génie pour les ressources qu'avaient les Espagnes luttant contre une coalition. Le cardinal donna lui-même sa démission et se retira à Rome avec les Stuarts. Le premier acte du roi d'Espagne fut l'adhésion au traité de la quadruple alliance, tout entière destinée à maintenir la paix en Europe.

Cet heureux résultat obtenu, rien ne s'opposait plus à ce que la Maison de Bourbon rentrât dans sa politique traditionnelle et de famille qu'elle avait un instant secouée. Avec son génie particulier, le nouvel archevêque de Cambrai (Dubois) inspira la première idée d'un double mariage qui devait fusionner toutes les branches et tous les droits de la Maison de Bourbon. Le jeune Roi Louis XV devait se fiancer à une Infante qui serait conduite et élevée en France, et mademoiselle de Montpensier, la quatrième fille du Régent, épousait le prince des Asturies, l'aîné des Infants, l'héritier de la couronne d'Espagne. Il était impossible de mieux cimenter la paix ; l'habile secrétaire d'État des affaires étrangères préparait ainsi le pacte de amille. Les whigs anglais acceptaient l'arrangement, parce que Philippe V entrait dans le système politique qui excluait les Stuarts, en reconnaissant la succession protestante dans la Maison de Hanovre ; les Hollandais, gênés dans leurs finances, appelaient la paix commerciale à tout prix ; enfin l'Empereur d'Allemagne y trouvait la garantie de ses possessions d'Italie. Il était impossible de ne pas reconnaître l'habileté supérieure que le secrétaire d'Etat des affaires étrangères avait déployée dans cette négociation délicate (1).

Le Régent était donc ainsi en paix avec l'Europe ; il ne restait plus d'affaires difficiles à l'extérieur que les négociations avec la cour de Rome pour la bulle *Unigenitus* que jusqu'ici la Cour de France n'avait pas voulu admettre. On a vu que le Régent, pour gagner les Parlements à sa cause, lors de son avénement au pouvoir, avait fait de grandes concessions au parti janséniste jusqu'à ce point de placer le cardinal de Noailles à la tête du conseil de conscience. Mais le parti janséniste n'avait cessé de s'agiter ; les partis ne sont satisfaits que lorsqu'ils restent les maîtres absolus d'une situation ; les jansénistes étaient arrivés à ce point de hardiesse d'en appeler de la bulle *Unigenitus* au futur concile ; ce qui amenait une rupture avec la cour

(1) Le comte de Garden, *Histoire des Traités de paix*, 1720 et 1721.

de Rome, et le Régent était trop habile pour l'oser. Dans ces circonstances difficiles, le secrétaire d'État des affaires étrangères ouvrit une négociation pour l'admission de la bulle sous certaines restrictions bientôt admises à Rome, et les rapports furent rétablis entre le Saint-Siége et la France; ce qui évitait un schisme, la plus triste, la plus délicate des situations pour un État catholique.

Tout le parti janséniste se réveilla avec l'énergie d'une minorité blessée ; il avait pour appui l'Université, le Parlement, un petit noyau d'évêques, quelques communautés religieuses affiliées aux ordres des Bénédictins et à l'ancien Port-Royal, coterie active qui se tenait comme un seul homme. A la tête de cette résistance se trouvait, qui l'aurait dit, la fille même du Régent, cette gracieuse mademoiselle de Chartres désormais sœur sainte Bathilde. La cour, si légère, avait dit de Louise-Adelaïde lorsqu'elle prit le voile :

>De l'abbaye
>Où réside Vénus,
>Nonne jolie,
>Disant peu d'orémus,
>Loin des soins superflus,
>Ne songeait tout au plus

> Qu'à bien passer sa vie,
> Fait bons les revenus
> De l'abbaye.

Le monde, si léger, fut bien surpris de voir sœur sainte Bathilde accomplir toutes les obligations d'une piété sévère, levée à l'aube, à matines, et conservant néanmoins cette douce gaîté que donne la vie monastique. L'abbaye de Chelles, de l'ordre des Bénédictines, prit parti avec ardeur contre la bulle *Unigenitus;* la faiblesse extrême du Régent cédait souvent aux prières de sœur sainte Bathilde.

Mais la force la plus grande dans cette résistance, ce fut le Parlement de Paris : le Régent avait d'abord essayé un rapprochement, et à cet effet il avait rappelé le chancelier d'Aguesseau, pauvre tête et plus pauvre caractère; il n'avait pu réussir et le Parlement venait d'être exilé à Pontoise. Ce fut une occasion pour réveiller les reproches que le vieux parti du testament de Louis XIV adressait au Parlement sur sa conduite après la mort du grand Roi.

> Le Parlement fait pénitence,
> Je pense,
> Pour quelque grand péché,
> Du testament qu'il a cassé.

C'est le feu Roi qui prend vengeance.
Le Parlement est à Pontoise,
Sur l'Oise,
Par l'ordre du Régent.
Il leur a pris tout leur argent,
Et peu après lui cherche noise.

Le Parlement ainsi exilé, aucun obstacle ne s'opposait plus à un arrangement avec la cour de Rome sur la bulle *Unigenitus*, il fut négocié par l'abbé Dubois, secrétaire d'État aux affaires étrangères, et par le cardinal de Rohan, archevêque de Strasbourg, charmant esprit, comme tous les Rohan. Le cardinal de Rohan demanda le chapeau pour l'abbé Dubois, archevêque de Cambrai, et qui venait de rendre un si important service à l'Église de France. Cette suprême dignité allait bien à la situation de l'homme d'État que le Régent destinait au poste de premier ministre ; elle relevait la position du cabinet aux yeux de l'Europe, de celui qui désormais devait s'appeler cardinal-ministre, beau titre qu'avaient porté Richelieu, Mazarin. D'odieux pamphlets furent alors publiés pour dénoncer cette fortune immense du secrétaire d'État, parti de si bas pour s'élever si haut (le fils d'un apothicaire), l'Église est la grande démocratie : désormais le cardinal Dubois eut un titre en rapport avec l'importance de ses fonctions.

Dans cette cour du Régent si pleine d'aristocratie, et au château de Sceaux, redoublèrent les chansons et les épigrammes contre le cardinal Dubois. Quand le Régent l'avait élevé au ministère, les gentilshommes beaux esprits avaient dit de lui qu'un cuistre de collége avait été *Du bois* dont on faisait les ministres (1); ils ne pouvaient comprendre qu'on fît ministre un homme de si bas lieu; élevé au cardinalat, les satires devinrent encore plus vives, plus ardentes :

> Or, écoutez la nouvelle
> Qui vient d'arriver ici :
> Rohan, le commis fidèle,
> A Rome a bien réussi.
> Mandé par Dubois, son maître,
> Pour acheter un chapeau,
> Nous allons le voir paraître
> Et couvrir son grand cerveau.
> Que chacun s'en réjouisse,
> Admirons Sa Sainteté,
> Qui transforme en écrevisse (la robe rouge)
> Ce vilain crapaud crotté.

(1) Cette année, le cardinal Dubois fut nommé à l'Académie française, en remplacement du savant Dacier; c'est Fontenelle qui fit la réponse. Toujours fort plat, Fontenelle exagère le mérite littéraire du cardinal et ses grandes œuvres politiques; ce discours est conservé dans les œuvres de Fontenelle.

> Après un si beau miracle,
> Son infaillibilité
> Ne doit plus trouver d'obstacle
> Dans aucune Faculté.

Toujours le même reproche, jeté par l'aristocratie, sur la basse extraction de Dubois !

Avec le sens historique qui le caractérisait, Voltaire ne jugeait pas ainsi le cardinal Dubois : après le double mariage espagnol, le poète, peut-être un peu trop flatteur, lui adressait une épître en forme d'ode :

> Quand du sommet des Pyrénées,
> S'élancait au milieu des airs
> La renommée à l'univers
> Annoncer ces deux hyménées
> Par qui la discorde est aux fers
> Et qui changea les destinées,
> L'âme de Richelieu descendit à sa voix,
> Du haut de l'Empirée, au sein de sa patrie.
> Ce redoutable génie
> Qui faisait trembler les Rois,
> Celui qui donnait des lois
> A l'Europe assujettie,
> A vu le sage Dubois,
> Et pour la première fois
> A connu la jalousie.
> Poursuis : de Richelieu mérite encore l'envie,
> Par des chemins écartés
> Ta sublime intelligence
> A pas, toujours concertés,
> Conduit le sort de la France,

> La fortune et la prudence
> Sont sans cesse à tes côtés.
> Albéroni, pour un temps nous éblouit la vue;
> De ses vastes projets l'orgueilleuse étendue
> Occupait l'univers saisi d'étonnement;
> Ton génie et le sien disputaient la victoire,
> Mais tu parus et sa gloire
> S'éclipsa dans un moment.
> Telle au bord du firmament,
> Dans sa course irrégulière,
> Une comète affreuse éclate de lumière;
> Ses feux portent la crainte au terrestre séjour:
> Dans la nuit ils éblouissent
> Et soudain s'évanouissent
> Aux premiers rayons du jour.

Voltaire, essentiellement courtisan, sacrifiait Albéroni au cardinal Dubois, parallèle un peu outré. Le cardinal Dubois avait une tâche bien rude; — ce pauvre corps, usé par beaucoup de labeurs, n'était plus qu'un squelette; l'ordre de son travail existe encore aux affaires étrangères : il prend dix-huit heures par jour avec les audiences. Debout à sept heures, il recevait les premiers commis à dix et sa correspondance durait jusqu'à onze heures, où commençaient les audiences diplomatiques jusqu'à deux; il travaillait avec le Régent de trois à cinq; la soirée était destinée à la lecture et à l'expédition des dépêches. De l'eau et des légumes, telle était la seule nourriture du cardinal ; sa distraction unique était l'amour des vieux livres, des éditions *princeps* et des tableaux de grands maîtres dont il était épris. Le cardinal faisait bâtir rue Notre-Dame-des-Champs (au faubourg Saint-Germain) un hôtel vaste avec d'immenses jardins, qu'il peuplait de statues antiques recueillies en Italie ; un grand luxe artistique y était déployé en tableaux, émaux, sculptures, camées. Toute sa distraction était là : il en parle avec enthousiasme dans ses lettres familières, écrites à ses amis les whigs, à Stanhope et Walpole. Au milieu des hautes considérations politiques, il s'entretient avec ces deux hommes d'État sur la nécessité de maintenir la paix après les secousses politiques et financières qui ont ébranlé l'Europe, et à ce point de vue les whigs pouvaient rendre un beau service au monde. Le cardinal secrétaire d'État en conclut la nécessité d'un Congrès pacifique, où tous les intérêts seraient représentés, comme aux Congrès de Westphalie et de Munster ; après de profondes secousses, un Congrès paraissait indispensable et l'orgueil du cardinal Dubois serait de le présider. Lord Stanhope partageait ces idées pour le maintien de la paix : « Le projet d'un Congrès lui sourit, pourvu que toutes les parties veuillent avec sincérité arriver à l'œuvre d'une pacification générale, et il accepte Cambrai comme ville neutre où l'Europe se ferait représenter par les premiers ministres des cabinets. »

XVIII

Situation de Paris et de la France après le Système.
Esprit général. — Calamité.
La peste de Marseille. — Cartouche et les voleurs.

(1721—1722)

Le système financier de Law était à sa fin ; comme on avait exagéré ses progrès, on exagérait aussi sa décadence ; en France il n'y a jamais de milieu entre la confiance extrême et la frayeur immodérée. Law quittait Paris et se retirait en Hollande, puis à Venise ; on poursuivait les principaux agioteurs ; on chansonnait la fuite de Law :

La chose ainsi, je monte en ma calèche,
Ça faisons dépêche ;
Adieu vos écus !
Messieurs n'y pensez plus ;
Le sort m'étant favorable et propice,
Je les porte en Suisse.
Qui les reverra,
Plus fin que moi sera.
Vous que l'on vit aux actions avides,
Les croyant solides,
Toujours en papier
Vouloir réaliser !
Servez-vous donc de vos billets de banque
Si l'argent vous manque ;
Cherchez le payeur
Pour avoir leur valeur.

Ces petits vers se trouvent dans un livre curieux intitulé : *la Semaine des Agioteurs* (1) ; il y eut certes des ruines particulières et nombreuses ; mais il résulta du système de Law un bien-être général et incontesté, une richesse et

(1) On a trouvé encore dans ce recueil les vers que voici :

Qui l'aurait cru, miracle étrange,
Aujourd'hui, par les soins de Las,
Comme dans les mains de Midas
Dans nos mains tout en or se change ;
Que chacun prenne garde à soi ;
Après avoir chanté merveilles,
Il pourrait bien, comme à ce Roi,
Nous venir de grandes oreilles.

un luxe inconnus jusqu'alors. Tel est toujours le résultat d'une active circulation d'argent ; les rues Saint-Honoré, des Petits-Champs, les places Vendôme et des Victoires furent achevées par les spéculateurs heureux du système. M. le prince de Condé commença le beau bâtiment du palais Bourbon, et l'on bâtit au faubourg Saint-Germain plus de cent cinquante hôtels dans les rues larges de Bourbon et de l'Université : il y eut un grand luxe de meubles et d'habits, le nombre des carrosses tripla ; lors de l'entrée de l'ambassadeur Turc à Paris, on compta 800 carrosses de maîtres à six chevaux. Le garde-meuble de la couronne reçut les plus belles pierreries du monde, par l'intermédiaire de Law ; on put placer à côté du Sancy un autre diamant gros comme un petit œuf de pigeon, d'une eau si pure, d'un brillant merveilleux, et qui depuis prit le nom de *Régent;* il fut cédé par Law, parfait joaillier, comme témoignage des merveilles de son système qui réalisait les mines de Golconde.

Toutefois il fallait prendre un parti à l'égard de toutes les valeurs tombées, et alors le Régent eut recours aux banquiers dédaignés : il forma un conseil présidé par Samuel Bernard et les frères Pâris, qui dut examiner les questions de sang-froid et porter remède : la plaie était profonde, les billets de la Banque de 1,000 fr. se négociaient à peine pour une valeur d'agiotage de 65 à 70 fr. en numéraire; la Banque avait suspendu ses paiements, les actions de la Compagnie dissoute étaient cotées 115 fr. La première résolution du conseil des banquiers fut de soumettre les billets à un visa dans le délai de trois mois; on eut par ce moyen deux résultats : la certitude de la vérité, de l'authenticité des titres (il y en avait beaucoup de faux) ; le second résultat fut de constater le chiffre des valeurs en circulation, qui s'élevait à 2,700,000,000 fr.

Le vide était grand, n'y avait-il aucune ressource? Voici le système qui fut adopté : à chaque titre vérifié on substituait des certificats de liquidation avec intérêt à 3 %. Pour servir cet intérêt, on délégua d'abord 40 millions de rente sur l'Hôtel de ville, et l'on introduisit pour la première fois le droit de contrôle ou enregistrement des actes de vente, louage, hypothèque, dont le produit devait s'élever à 30 millions. Le certificat de la dette était ensuite admis en payement des charges et offices; on créait de nouvelles charges financières, de manière à amortir 50 millions de certificats par année. En vertu de ce système, le Trésor rentrait dans sa liberté ; il prenait la direction des monnaies, dont le produit s'élevait à 15 millions, il passait un nouveau bail de cinq ans avec les Compagnies des fermes générales avec bénéfices; il pouvait réorganiser les Compagnies des Indes et d'Afrique, en constituant de nouvelles actions dont le prix serait appliqué à l'amortissement progressif des certificats de liquidation. Enfin la paix générale permettant un durable système d'économie, on réduisait d'un tiers les dépenses des départements de la guerre et de la marine. Dans dix années tous les certificats de liquidation devaient être amortis et la dette épurée, à moins d'accidents.

On était si absorbé par les nécessités d'État à Paris qu'on prêtait peu d'attention aux événements les plus graves, et l'on ne s'occupa qu'avec une certaine indifférence d'un sinistre épouvantable (1), la peste, qui venait d'éclater à Marseille ; ville riche et commerçante, Marseille faisait son principal commerce avec l'Orient. La

---

(1) On plaisantait à Paris même sur la peste :

Accablé de malheurs, menacé de la peste,
    Grand saint Roch, notre unique bien,
    Écoutez un peuple chrétien,
Venez nous secourir, soyez notre soutien,

peste fut communiquée par un navire venu du port de Syrie, chargé de laines ; elle commença par quelques cas particuliers dans les rues obscures et solitaires de l'Escale, de la place Vivaux, puis tout à coup, sous les feux d'un soleil brûlant, elle se montra partout à la fois, et des milliers de cadavres s'amoncelèrent sur le Cours, à l'Arsenal et sur l'esplanade de la Tourette ; les habitants aisés quittèrent cette ville en deuil pour s'abriter dans les nombreuses bastides du territoire ; là ils se clorent de murailles, dans une panique terrible. L'évêque, Mgr de Belzunce, et les échevins, le chevalier Roze, capitaine de la ville, restèrent à leur poste de péril et d'honneur, et leur nom, incrusté sur le marbre, vit encore à côté de la statue de Belzunce, le pieux évêque. Le ciseau de Puget, les toiles de De Troyes, ont laissé d'impérissables monuments sur la peste de Marseille : le chevalier Roze, à cheval au milieu de cadavres, sur l'esplanade de la Tourette, bravant la contagion et la mort ; une nature magnifique,

> Nous ne craindrons rien de funeste.
> Ah! détournez de nous la colère céleste,
> Mais n'amenez pas votre chien :
> Nous n'avons pas de pain de reste.

Je crois que l'église de Saint-Roch fut consacrée à cette occasion de la peste.

la mer bleue au loin, les campagnes couvertes de fleurs, et au milieu de ce doux spectacle la mort sous toutes les formes ; contraste qui prête à de tristes pensées. La corruption de la chair et les fleurs odorantes sous le même soleil !

Bientôt la peste se répandit ; elle n'épargna pas la Provence, Aix, Arles, jusqu'au Rhône qui coule à grands flots. Enfant, j'ai écouté les vieillards dont les pères avaient été témoins de la peste de Marseille ; ils en parlaient avec terreur : sur cent dix mille âmes, quarante mille périrent de la contagion, et autour de notre maison municipale et paternelle des Acoules, en face du clocher, des tentes étaient établies sous les platanes aux larges feuilles pour abriter les pestiférés recueillis à la Joliette.

Paris néanmoins fut un moment inquiet ; il se manifesta des cas de peste jusque dans l'Auvergne ; mais alors la cité était distraite et absorbée par le système de Law, et l'on se préoccupait d'une grande capture : un célèbre voleur, Cartouche, était pris et conduit aux prisons du Châtelet. Il n'était depuis quelque temps question que de meurtres et de vols commis par d'audacieux malfaiteurs ; on leur donnait pour chef un hardi déserteur, nommé Cartouche par un sobriquet d'argot : on se croyait toujours attaqué ou menacé par lui. Cartouche avait commencé ses ravages en Normandie avec une énergie et une intelligence qui avaient jeté la terreur au loin. C'était l'époque du licenciement des armées : toutes les mauvaises têtes des régiments, les *Cartouches jaunes,* restées sans emploi, s'affilièrent à la bande de Cartouche. La Normandie exploitée, cette bande vint à Paris, où elle avait des camarades secrets dans tous les cabarets, parmi les soldats licenciés. C'était une espèce de bande à la façon espagnole ou italienne qui dévalisait les voyageurs. Toute la maréchaussée fut sur pied et nulle trace ne se révéla. Une nuit on trouva derrière les Chartreux un cadavre horriblement mutilé avec un écrit qui annonçait la vengeance de Cartouche contre un révélateur (1). Cependant un soldat licencié des gardes-françaises déclara que, si on lui donnait la vie sauve, il dirait le lieu où se tenait le chef de la bande ; trente soldats du guet se rendirent à la Courtille, où ils se saisirent de Cartouche endormi au milieu d'un véritable arsenal ; on le garrotta pour être conduit à travers le

(1) Cartouche fut pris le 15 octobre 1721. On peut voir dans la *Gazette de France* toute l'histoire de ses crimes et le récit de son supplice.

peuple effrayé dans la tour de Montgomery, au Châtelet. Il fut jugé extraordinairement ; il révéla en place de Grève une multitude de complices qui furent arrêtés : il y en avait dans toutes les classes et de toutes les conditions. Paris demeura longtemps frappé du supplice de Cartouche et de ses complices, triste distraction pour la multitude au milieu d'une fatale dépravation de mœurs !

XIX

**Majorité et sacre de Louis XV.
Le Régent : ses travaux, ses plaisirs.
Le Cardinal Dubois premier Ministre.
Sa mort.
Apoplexie du Régent.**

(1722 — 1723.)

Un des beaux côtés du caractère du Régent, ce fut ce respect infini qu'il eut toujours pour le jeune Roi, le soin dont il environna son éducation, sa sollicitude pour sa santé souvent atteinte par la maladie : on aurait dit que plus la calomnie s'était attachée à noircir ses actes, plus le Régent mettait d'attention à la détruire par un dévouement exemplaire ; seulement, chaque fois qu'un mot était dit, qu'une action était faite pour mettre en doute sa fidélité, il punissait sur l'heure ce manque de justice, cet affront à sa dignité : ainsi le maréchal de Villeroy ayant insisté pour suivre le jeune Roi au conseil, sous prétexte que jamais il ne devait se séparer de Sa Majesté, Mgr le Régent frappa sur-le-champ le duc de Villeroy d'une lettre de cachet pour qu'il eût à se rendre à sa terre de Villeroy, puis dans son gouvernement de Lyon.

Cependant Louis XV entrait dans sa quatorzième année, et d'après la loi fondamentale il était majeur; le Régent se hâta de se rendre au Parlement (rappelé de son exil à Pontoise) pour faire déclarer cette majorité; il prit en même temps les ordres de cette jeune Majesté qui déclara: « continuer les pouvoirs de son cher oncle qui lui avait donné tant de preuves d'attachement. » Le soir même, le cardinal Dubois fut déclaré premier ministre avec les mêmes pouvoirs qu'avaient Richelieu et Mazarin : le Roi l'autorisa à signer dans ses dépêches du seul nom *le cardinal-ministre;* il donna 12 gardes attachés à sa dignité (les gardes de Monseigneur le cardinal (1). Au conseil, il dut siéger à côté du cardinal de Rohan, comme privilége de la robe rouge, immédiatement après les princes du sang. Le cardinal

---

(1) Le cardinal Dubois refusa l'escorte des gardes.

n'avait plus qu'un désir, c'était d'aller lui-même présider le Congrès des grandes puissances qui devait se tenir à Cambrai, et revoir ses amis Stanhope et Walpole pour raffermir l'alliance anglaise qui, dans son opinion, pouvait seule assurer le repos de l'Europe, après la crise de guerre et des finances qu'on avait subie.

Le sacre du jeune Roi à Reims se fit avec une magnificence particulière et une solennité pleine d'allégresse. Il y avait alors en France une véritable idolâtrie pour la royauté, et une ivresse particulière pour ce Roi enfant, qui avait tant souffert et qu'on avait été si souvent menacé de perdre. Les fêtes de Paris furent splendides; joûtes, tir à l'arc, feu d'artifice, pompes municipales joyeusement célébrées; le Roi, plein de santé, après les fêtes que lui donna la bonne ville de Paris vint habiter le splendide château de Versailles, où la majesté royale pouvait mieux se déployer. Deux goûts semblaient se révéler dans le jeune Roi, la chasse et les exercices de la guerre; dès l'enfance, Louis XV aimait la fauconnerie, art perdu et qu'on ne savait plus exercer qu'en volière; plus tard il courut le daim dans le petit parc de la Muette, et son tir était parfaitement juste; ces petites chasses se faisaient à cheval pour les dames qui montaient leur haquenée comme les châtelaines du moyen âge : Mesdemoiselles de Charolais, de la Roche-sur-Yon, la princesse de Conti suivaient habituellement la chasse du Roi ; les hommes étaient à cheval (1). Rien n'était admirable à voir comme ces nobles figures sous les habits si gracieux de la Régence ; rien de grossier dans ces traits ; la race noble alors était marquée d'un caractère particulier d'élégance physique (on peut prendre les habits de ce temps, mais les traits et la grâce ne s'empruntent pas). Toute cette noblesse environnait de respect, la timidité innocente de cet enfant royal dont l'éducation était faite par l'évêque de Fréjus, le plus simple, le plus pieux, le plus aimable des précepteurs. L'art de Fleury consistait à tout abréger, tout embellir, tout élever pour l'intelligence de cet enfant qui, à quatorze ans, écrivait déjà un petit livre sur la géographie.

Le Régent avait réuni un camp dans la plaine de Satory, afin de donner au jeune Louis XV le spectacle de la guerre en miniature ; les gardes-françaises, le régiment du Roi, les chevau-légers, les cuirassiers de la reine aux gracieux uniformes blanc, jonquille et vert, donnèrent le simulacre d'une bataille, et Louis XV,

---

(1) *Collection de gravures* (Bibliothèque Impériale).

l'épée à la main, mena son régiment au feu ; on fit également un siége en règle, le Roi fut de tranchée, la garnison battit la chamade et se rendit. Le camp de Satory fut l'occasion de récompenses, de distinctions militaires ; le Roi donna des cordons rouges, et la croix de saint Louis au doyen des invalides, vieil officier de fortune, dont les services remontaient à la minorité de Louis XIV (1).

On ne peut dire tout le charme que mettait le Régent à complaire respectueusement au Roi. Aussi l'enfant royal l'aimait avec tendresse ; le cardinal-ministre, par son travail facile, son habileté, l'enjouement de son esprit, plaisait singulièrement au Roi qui lui confiait la direction suprême des affaires. Il était impossible de les avoir mieux conduites et plus sagement accomplies : la paix avec l'Europe, l'alliance anglo-hollandaise, la soumission des Parlements, la fin du dissentiment avec Rome, enfin la liquidation du système qui se faisait avec une sévérité digne d'éloge. Monsieur le cardinal, comme on le nommait alors, avait un caractère aimable, spirituel, qui plaisait au Roi ; déguisant ses souffrances de corps, il n'avait que des mots

(1) *Gazette de France*, 1722.

rieurs et d'amusantes histoires. Le Roi aimait les sciences exactes et physiques; il existe plusieurs dépêches du cardinal, adressées à l'ambassadeur de France à Londres, pour qu'il eût à se procurer les jeux les plus attrayants : optique, lanterne magique, télescope, laboratoire de physique. Le Régent, fort instruit dans les sciences mathématiques, d'une causerie aussi spirituelle, s'était fait pour ainsi dire le professeur et le démonstrateur du Roi, de concert avec le grand géographe Delisle.

Le cardinal-ministre s'occupait des affaires d'État avec une sollicitude particulière; avide de popularité, il vint dîner à l'Hôtel de ville, au banquet que lui offrirent les échevins, selon l'usage depuis Richelieu et Mazarin : le cardinal Dubois, charmant à table, but à la santé de chaque échevin, qu'il appela de leur nom, et à celle de leur femme (1); il fut parrain du premier-né du prévôt des marchands : partout il déclara qu'il ne voulait gouverner que dans l'intérêt du peuple, parce qu'il en était sorti, et ce fut dans cette pensée de popularité qu'il fit poursuivre avec tant de sévérité toutes les per-

---

(1) Barbier, qui était au banquet bourgeois, a rapporté cette circonstance, en 1722.

sonnes, quels que fussent leurs rangs, qui avaient malversé durant le système de Law, et sans s'arrêter au nom et à la dignité. Il frappa tout d'abord M. Leblanc, secrétaire d'État de la guerre ; chargé de solder les troupes en numéraire, il les avait payées en billets et avait bénéficié de 30 0/0 (1) ; quelque temps après l'arrêt de flétrissure prononcé contre le duc de La Force, le Parlement fit exécuter l'autre arrêt contre La Pierre de Talhouet ; en vain toute sa famille implora la clémence du Régent ; le prince déclara net « que puisqu'il avait abandonné le comte de Horn, son parent, aux sévérités de la loi, à plus forte raison il laisserait tout cours à la justice dans l'affaire de Talhouet ; s'il était coupable, il devait être puni ; » le Parlement, je le rappelle, ainsi le jugea, car La Pierre de Talhouet subit l'exécution d'un arrêt flétrissant. Tout ce que la famille put obtenir, ce fut une commutation de la peine de mort en une prison perpétuelle. Il fut en effet relégué dans les îles de Sainte-Marguerite.

Très-menacé dans sa vie par une plaie pro-

---

(1) Le Régent annonça au Roi que M. Leblanc n'était plus en place : « Pourquoi ? dit le jeune Roi. » — « Je ne puis le dire à V. M. »

fonde (une fistule), le cardinal-ministre luttait contre son mal avec cette vigueur que déployaient Richelieu, Mazarin, en combattant la souffrance ; lorsqu'on s'impose une grande mission, elle vous absorbe tellement que les douleurs disparaissent ; on ne pense plus qu'à son devoir et cette surexcitation est une seconde vie. Le Régent pouvait se confier au ministre-cardinal; sans hésiter il lui sacrifiait tout ce qui faisait obstacle à sa politique ; le comte de Nocé, l'ami d'enfance, comme Cinq-Mars l'était de Louis XIII, fut exilé, ainsi que Noailles, pour avoir lutté contre la puissance du cardinal, qui réunit sous sa main tous les départements ministériels : comme Richelieu, le cardinal Dubois garda la surintendance de la marine et l'amirauté des mers.

Deux fois à Versailles, dans son travail avec le Régent, le cardinal-ministre s'était évanoui ; les traits altérés, il avait vaincu sa douleur; le Régent lui conseilla de se faire opérer, douleur plus grande, repos impossible ; le cardinal ne pouvait se condamner à la paresse de la maladie, il continuait son travail, fièrement au milieu des affaires, à Versailles : « Le cardinal était à Meudon le 8 août 1723 : hier lundi on l'apporta à Versailles sur le midi dans une litière du Roi, allant très-doucement et quatre gens de livrée se relayaient pour tenir la litière par les côtés et pour en empêcher le mouvement; suivaient trois carrosses à six chevaux; dans l'un les aumôniers, dans l'autre les médecins et ensuite les chirurgiens. » On aurait dit le cardinal de Richelieu, la tête cachée entre des oreillers, sur le bateau du Rhône. A Versailles, l'opération fut faite par Lapeyronie, chirurgien du Roi; elle réussit mal, ou bien l'état du malade était trop avancé, le cardinal fut confessé par un simple prêtre recollet; le cardinal de Bissy lui porta les derniers sacrements, et il expira le 10 août, à quatre heures après midi, en pensant encore aux affaires.

Le Régent fit une perte immense: tête excellente, esprit pratique, le cardinal Dubois avait dirigé les affaires d'État dans le sens le plus réfléchi, le plus ferme; l'idée de l'alliance anglaise lui appartenait comme l'équivalent de la paix et le maintien de l'équilibre, idée qui devint la politique permanente de la maison d'Orléans: elle fut recueillie par l'homme d'État qu'on peut comparer, sous plus d'un aspect, au cardinal Dubois, M. de Talleyrand. Tous les hommes politiques qui ont parcouru le dépôt des affaires étrangères portent la plus haute considération à la diplomatie du cardinal Dubois, à ses dépêches, à ses instructions, à ses vues larges, droites et fortes ; on lui a reproché d'avoir été pensionné par l'Angleterre : il ne l'était pas secrètement, mais publiquement, à la suite des traités, coutume de la diplomatie d'alors. Lord Stanhope, Walpole avaient des pensions sur la cassette du Roi de France ou du Roi leur maître ; c'était une sorte de cadeau diplomatique, à la suite du traité de la quadruple alliance. Le grand défaut du cardinal était d'avoir la parole un peu brusque, vive, trop familière pour rester toujours digne : malgré la brillante cour dont il était environné, le cardinal Dubois gardait quelques expressions de roture qui se ressentaient de son origine. Il n'avait pas assez le respect de la parole humaine.

Tout le poids des affaires, après la mort du cardinal Dubois, retomba sur Mgr le duc d'Orléans qui, le jour même, prêta serment comme premier ministre dans les mains du Roi et composa son conseil de jeunes hommes très-avancés dans les idées : M. de Morville, plénipotentiaire au congrès de Cambrai (33 ans), eut le département des affaires étrangères ; le comte de Maurepas (22 ans), la marine ; M. de Breteuil (35 ans) ; le département de la guerre, et M. d'Argenson (27 ans), eut les sceaux. A l'aide de ce conseil, Mgr le duc d'Orléans espérait donner une nouvelle impulsion aux affaires et remplacer le grand vide que laissait le cardinal. Avec une ardeur immense, Monseigneur se mit au travail; il bouleversa toutes ses habitudes de douce paresse, ne gardant plus que les élégantes distractions de ses soupers qu'il prolongeait bien avant dans la nuit. Madame d'Avesne avait cédé la place à la duchesse de Phalaris, de noblesse dauphinoise. Phalaris ou Phalari n'était pas un titre français, mais italien concédé par le Pape, et ce titre ne donnait aucun rang, aucune prérogative parmi la noblesse française : il était porté alors par le marquis d'Entragues, frère du duc de Béthune. Quelque temps attachée à la duchesse de Berri, la duchesse de Phalaris avait plu au Régent par sa causerie animée et son esprit charmant; Monseigneur avait un grand goût pour les femmes du midi ; il aimait leur parole vive et brillante dans un souper; et souvent les pamphlets transformaient en orgie la réunion spirituelle de gentilshommes et de femmes aimant la lumière des bougies, le cliquetis des verres et de l'esprit, la causerie enfin qu'on ne connaît plus.

Le 3 décembre 1723, quatre mois après la mort du cardinal Dubois, Mgr le duc d'Orléans, à six heures du soir, sortit du conseil de cabinet qui s'était longtemps prolongé ; il se plaignait d'un grand mal de tête, et pour se distraire, il passa dans un appartement de la duchesse de Phalari, alors attachée à la petite reine Infante. Madame de Phalari contait merveilleusement, et, si l'on en croit les Mémoires, elle se prit à réciter un petit conte de fée ; elle vit tout d'un coup Mgr le duc d'Orléans pâlir, s'agiter, puis tomber sur le parquet ; il était sept heures. Ainsi point de souper, point d'orgie comme l'ont dit quelques pamphlets ; une apoplexie résultant des préoccupations du conseil, d'un travail extraordinaire. En vain Madame de Phalari appela du secours, Mgr le duc d'Orléans avait cessé de vivre; il était mort à peu près comme son père, Monsieur, frère de Louis XIV. Son existence avait été largement remplie par le travail et le plaisir, double glaive qui tranche la vie ; le duc d'Orléans avait quarante-neuf ans, son administration avait été pleine de choses heureuses et hardies ; il avait pris la succession de Louis XIV remplie de guerres et de troubles, il la rendait à Louis XV avec la paix et l'ordre. Son principe dominant, comme celui du cardinal

Dubois, fut l'alliance anglaise avec laquelle un pays peut s'assurer sinon de grandes choses, au moins le repos. La paix était signée et pouvait se prolonger; la crise financière de Law avait eu au moins le résultat de débarrasser la dette publique des arriérés de Louis XIV et de créer un terrain neuf; avec la paix on avait l'économie et les réductions. Toute la banque s'était groupée à la fin de la Régence pour assurer le crédit public.

Le Régent n'avait attaqué aucun principe, mais avec sa vie facile il avait autorisé beaucoup de mauvaises choses et de mauvais écrits. Il est resté de cette époque, à travers de justes accusations, un parfum d'esprit et d'élégance; quand on parle d'un sensualisme charmant, on dit c'est *Régence;* aujourd'hui la corruption est restée, l'imitation grossière vit encore, mais les grâces se sont envolées. C'était une justice que Louis XV aimait à rendre au Régent à toutes les époques de sa vie : « Il m'a rendu mon royaume, avec la paix, l'ordre, l'obéissance de tous, une prospérité brillante aux yeux de l'Europe. »

TABLE DES MATIÈRES

	PAGES.
Préface	v
Le duc d'Orléans et Saint-Cloud. — Éducation du duc de Chartres (1656-1687)	1
Le duc de Chartres à l'armée de Flandre. — La Cour. — Négociations pour son mariage avec Mademoiselle de Blois (1691)	9
La Cour du duc de Chartres au Palais-Royal (1690-1703)	17
Mission de l'abbé Dubois à Londres. — Les Stuarts. — Guillaume III (1693-1699)	27
La succession de Charles II. — Campagne de Monseigneur le duc d'Orléans en Italie, en Espagne. — Accusation contre le Prince. — La duchesse de Berry (1700-1710)	35
Accusation contre le duc d'Orléans. — Testament et mort de Louis XIV (1708-1714)	47
Constitution de la régence en faveur du duc d'Orléans. — L'abbé Dubois, conseiller d'État (septembre 1715)	55
L'opposition. — Le château de Sceaux. — La duchesse du Maine. — Les Savants. — Les Poètes (1715-1716)	65
Mesures populaires de la régence. — Les Jansénistes. — Tribunal de justice contre les financiers (1716)	77
La famille du Régent au Palais-Royal. — L'abbé Dubois (1716-1717)	85

PAGES.

Relations diplomatiques du Régent. — L'alliance anglaise (1716-1717)............................ 93

Retour de l'abbé Dubois à Paris. — La vie du Régent. — Le Czar Pierre. — Alliance russe (1716-1717). 113

Première période du système de Law. — La Banque. — Les Compagnies financières (1716-1719)....... 127

Opposition contre la régence. — Le Parlement et les Jansénistes. — La duchesse du Maine, l'Espagne, le cardinal Albéroni (1718-1719)................ 139

Découverte de la conjuration. — Mesures répressives. — Triomphe de la régence du duc d'Orléans (1719). 151

Deuxième période du système de Law. — Sa décadence. — Poursuites contre les agioteurs. — Le duc de La Force. — M. de Talhouet (1719-1720).......... 163

La politique. — La Cour. — Les filles du Régent (1719-1720)............................... 175

La guerre et la paix avec l'Espagne. — Mariages espagnols. — L'abbé Dubois promu à la dignité de cardinal (1721-1722)....................... 191

Situation de Paris et de la France après le Système. — Esprit général. — Calamité — La peste de Marseille. — Cartouche et les voleurs (1721-1722).... 203

Majorité et sacre de Louis XV. — Le Régent. — Ses travaux, ses plaisirs. — Le cardinal Dubois premier ministre. — Sa mort. — Apoplexie du Régent (1722-1723.................................... 213

www.ingramcontent.com/pod-product-compliance
Lightning Source LLC
Chambersburg PA
CBHW060127170426
43198CB00010B/1063